München geheim

Ein Stadtführer zu den unbekannten und besonderen Seiten der Stadt.

von Judith Lohse

August Dreesbach Verlag

München geheim

Ein Stadtführer zu den unbekannten
und besonderen Seiten der Stadt.

von Judith Lohse

August Dreesbach Verlag

Impressum

© August Dreesbach Verlag, München 2016
3., aktualisierte und überarbeitete Auflage, München 2018
Alle Rechte vorbehalten.
Gestaltung, Umschlag und Satz: Anne Dreesbach
Lektorat: Jasmin Jonietz
Druck: Friedrich Pustet GmbH & Co. KG, Regensburg
Papier: 115 g/m² Fly weiß
Gesetzt aus der Absara von Xavier Dupré.
Printed in Germany.
ISBN 978-3-944334-78-3
Die Deutsche Nationalbibliothek verzeichnet diese Publikation in der
Deutschen Nationalbibliografie; detaillierte bibliografische Daten sind im
Internet über www.dnb.de abrufbar.

Vorwort

Dieses Buch erschließt München auf die gleiche Art, auf die man guten Freunden von seinen Lieblingsplätzen erzählen und persönliche Geheimtipps geben würde. Die touristischen Sehenswürdigkeiten haben Andere beschrieben, hier geht es um das Unbekannte und Besondere dieser Stadt.

»München geheim« funktioniert so: Es ist in zehn Kategorien untergliedert, von Essen und Trinken bis hin zu Freiräumen und der Seele dieser Stadt. In jeder Kategorie finden sich die verschiedensten Themen, zu denen es jeweils vier Tipps gibt. Alle Adressen, die in der Innenstadt liegen, sind auf den Karten im vorderen Teil eingezeichnet.

Manche der empfohlenen Orte kann man immer besuchen, andere nur sehr selten – sie alle zeigen ein vielschichtiges und überraschendes München. In welcher Vielfalt und Ausprägung in dieser Stadt gelebt, gearbeitet, gewohnt und gefeiert wird, und wie sich all die Interessen, Bedürfnisse und Wünsche der Menschen in München verweben, ist unglaublich spannend.

Es lohnt sich auf jeden Fall, neugierig zu sein – wer seinen Münchner Alltag oder seinen Weg als Besucher ein wenig verändert und sich einen Moment Zeit nimmt, wird interessante Gespräche führen und Erfahrungen mit allen Sinnen machen. Dazu möchte dieses Buch beitragen und dazu will es vor allem ermutigen.

Die Autorin

Inhalt

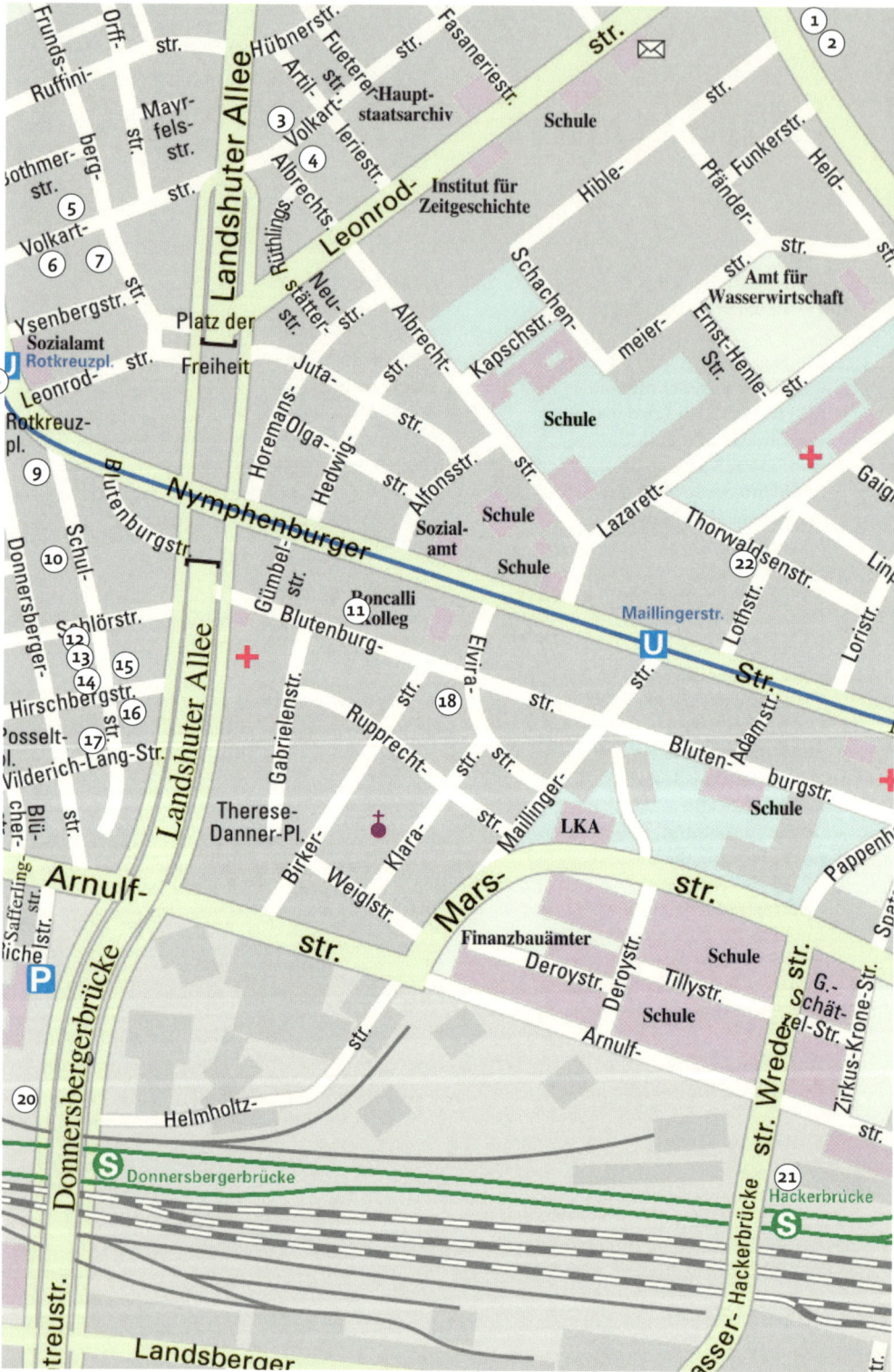

Stadtplan

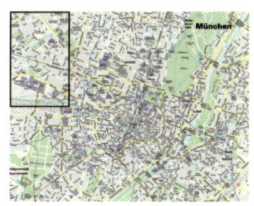

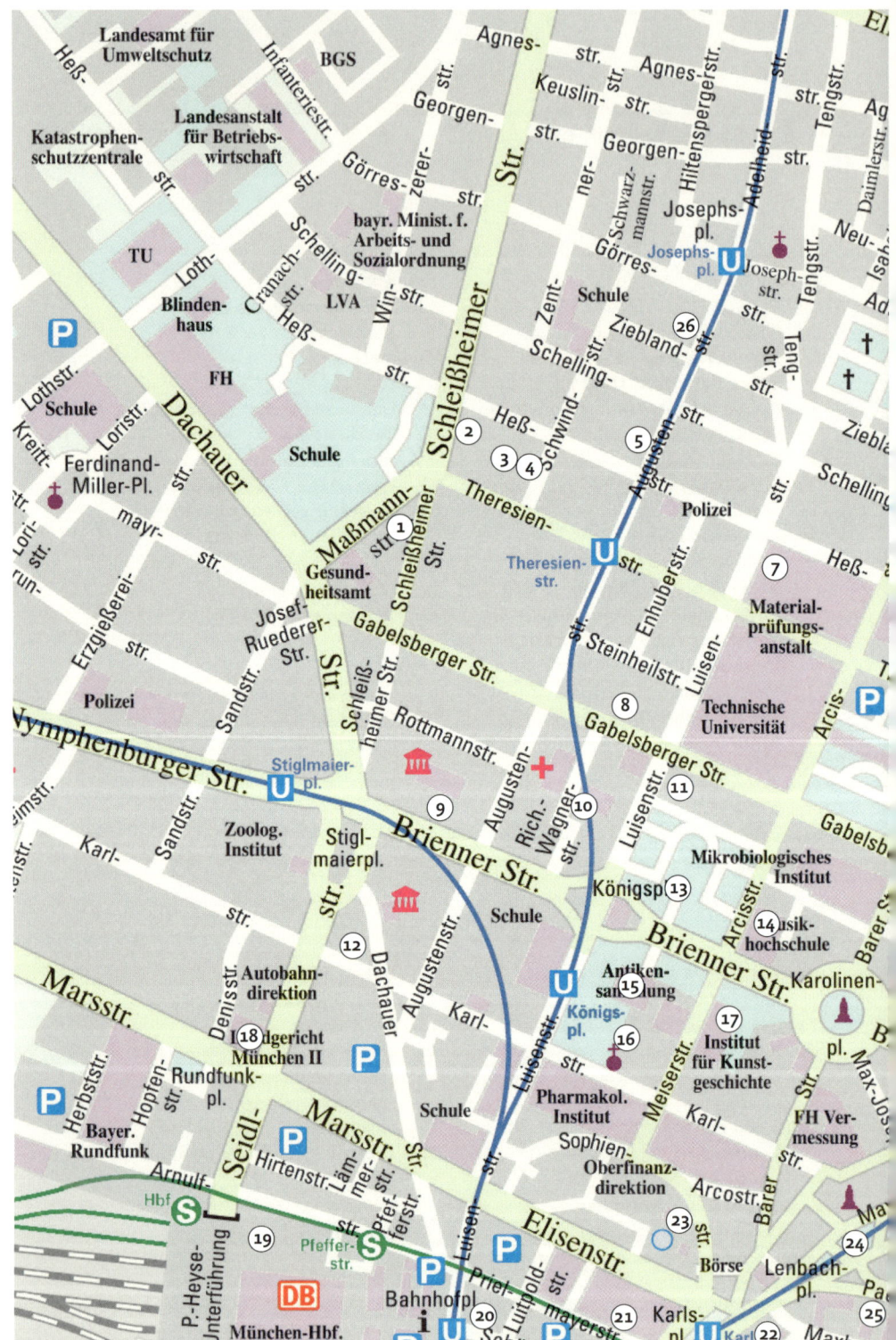

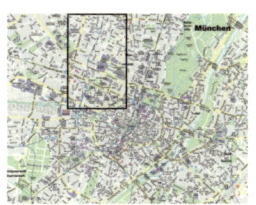

Isabella- str.
Genter str.
Kurfürsten-str.
Römer
Habsburger-pl.
Franz- Joseph- Str.
Leopoldst.
Nikolai-pl.
Dillis
Maria-Josepha- Str.
Trauten-wolfstr.

① Elisabethpl.
Schule
Isabellastr.
Hohen-staufen-str.
Schule
Martius- str.
Kißkalt-pl.
Thieme- str.

② Georgen-
Arcis- str.
Feuerwehr
Nordendstr.
Kurfürstenstr.
Habsburger-str.
Konradstr.
Friedrich-
Leopold-park
Gisela-str.
Goethe-inst.
Gedonstr.
Kaulbach-

③ reuther-
Arcis- str.
Schnorrstr.
Nordendstr.
Georgen- str.
Ramberg-str.
Akademie der Bildenden Künste
Ohm- str.
Giselastr.
P
Königin-

④ ⑦
⑤
⑧ ⑨ Akademiestr.
Adalbert-

Max-
Blütenstr.
Türken-
Ludw.-Maximilian-G.-Universität
Siegestor
Schack-
südbayr. Landesarbeitsamt
Schwesterchol-Pl.
Prof.-Huber-Pl.
Veterinärstr.
Tierärztl. Fakultät
Eng
Kaulbach-

⑩ ⑪ ⑫
Schraudolph- str.
Barer str.
Elser-Pl.
Sc ⑬⑭ ⑳⑱
Amalien-

⑮ Schelling-
Univer ät
Anstalt f. Wasserforschung
⑳ ⑲
vorstadt
str.
⑯ ⑰ ⑱
Geowissenschaftli Institut
Geistes-wissenschaftl. Institut
Philosophische Hochschule
Barer str.
Marianne-von-Werefkin-W.
Türken-
Amalienstr.
Fürsten-str.
Verwaltungs-gerichtshof
Walter-Klingen-beck-Weg
Staats-bibliothek
⑳ ⑲ ㉒ ㉓ ㉔ ㉕
㉘ ㉙
Theresien-str.
Rhein-bergerstr.
Staatsarchiv
Schönfeldstr.
Kaulbachstr.
Königin-
Japanisches Teeha ㉝
Eisb

㉖ ㉗
Prinz-Ludwig-Str.
Polizei
Türkenstr.
㉚
Miller-Ring
Glück-str.
Jäger- str.
Finkenstr.
㉛
Oskar-von-
Kardinal-Döpfner-Str.
Land t-schafts-ministerium
Odeons-pl.
Von-der-Tann-Str.
Hah-nen-str.
Haus der Kunst
㉞
P
Prinzrege

Handwerks-kammer
Brienner Str.
Amira-
Jung-ferntturmstr.
Wittels-bacher-pl.
Odeons-pl.
Galeriestr.
P
Prinz-Carl-Palais
Staats-kanzlei
Bau-behörde
Franz-J.-Strauß-Ring
㉟
P

Pl. d. Opfer d. Nationalsoz.
Salvator-pl.
Salvatorstr.
Hofgartenstr.
Sig-mund-tophs-str.
Unsöldstr.
Wagmüllerstr.

Rochus-berg
Pranner- str.
Kardinal-Faul-ha Str.
㊱
Viscardi-gasse
Theatiner
Max-Joseph-Pl.
Ägyptische Sammlung
Max-Planck-Institut
Hofgartenstr.
Karl-Scha
Seitz
Christ-
Schule St.-Anna-Pl.
Liebigstr.
St.-Anna-Str.
Triftst.
㊲ ㊳
Promenade-pl.

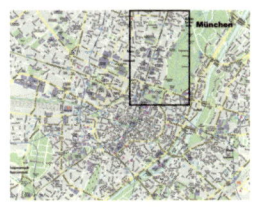

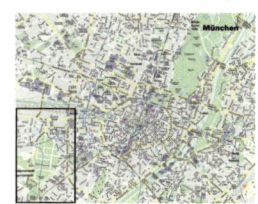

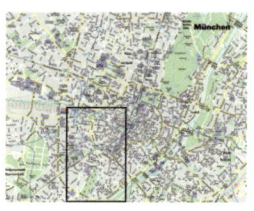

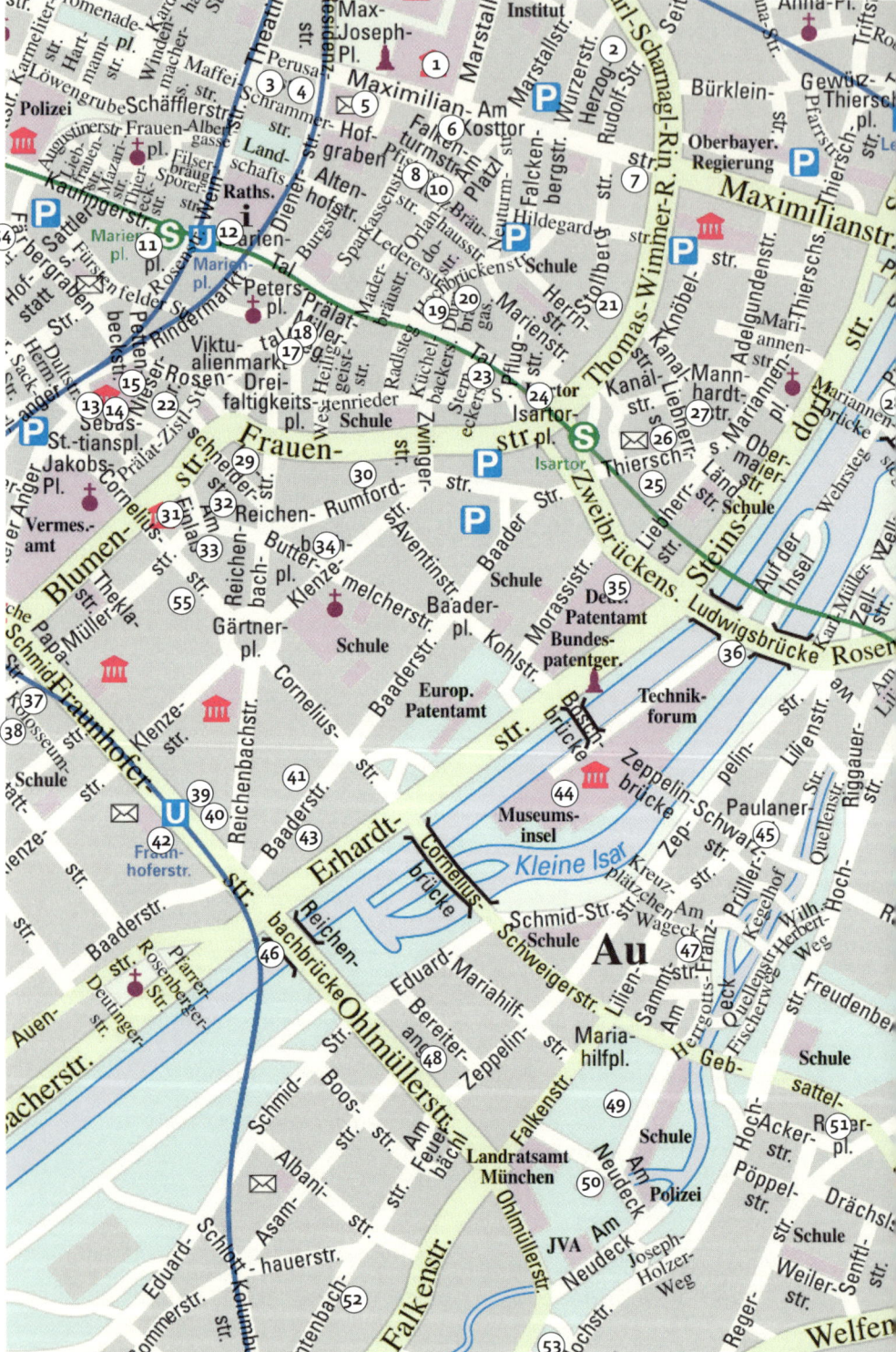

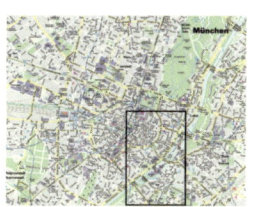

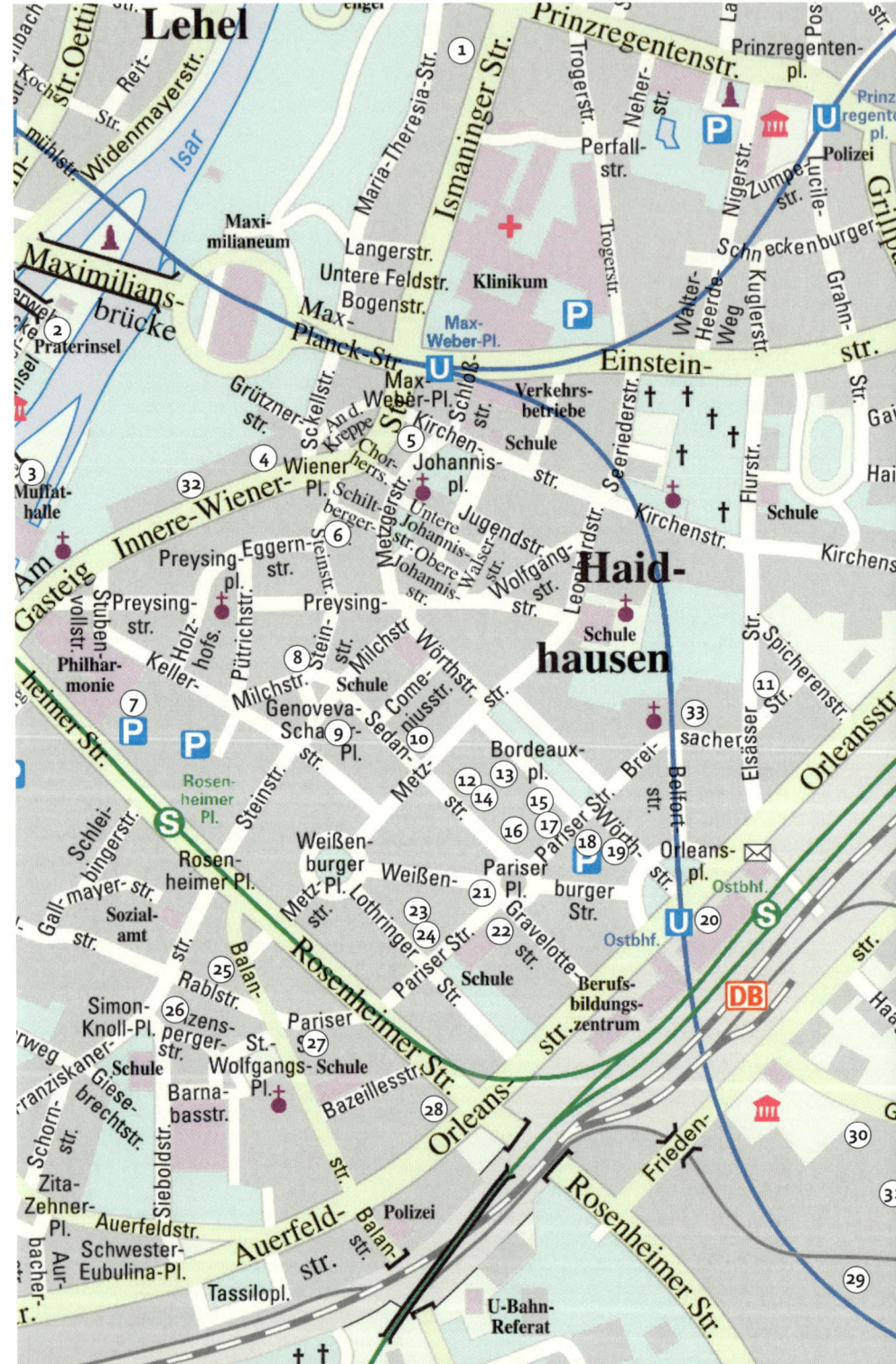

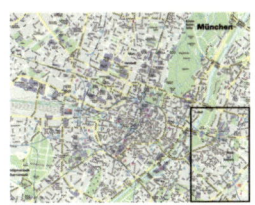

Einkaufen

Münchens Fußgängerzone rangiert stets unter Deutschlands Top 3 der Einkaufsstraßen. Und es gibt auch viele Ansätze, die Shoppingmeile in der Innenstadt weiter zu beleben und auch nach Ladenschluss zu bespielen – dennoch schlägt dort weder das Herz des Shoppers geschweige denn das des Flaneurs wirklich höher. Die Suche nach dem Besonderen, Speziellen und Abseitigen findet anderswo statt. Die wahren Schätze sind oft nur wenige Schritte von den gewohnten Laufwegen entfernt.

Dazu gehören beispielsweise Läden, die junge Designer führen, oder Anbieter von fairer Mode, und viele andere mehr. Spannend wird es immer, wenn sich Könner und Visionäre, Künstler und Händler zusammenfinden.

Außerdem und vor allem bietet München eine unglaubliche Vielfalt an Geschäftskonzepten, die von Enthusiasten voller Hingabe betrieben werden. Es gilt, kleine Königreiche zu entdecken und sich von Menschen beraten und inspirieren zu lassen, die Meister ihres Faches sind – das wird E-Commerce nie schaffen. Wer ein bisschen Zeit zum Stöbern mitbringt, entdeckt neue Welten. Und wunderschöne Mitbringsel.

Souvenirs

In zentraler Lage am Thomas-Wimmer-Ring, stadteinwärts kurz vorm Isartor, ist eine **LADENZEILE** entstanden, in der ganz spezielle deutsche Markenprodukte verkauft werden. Die Zielgruppe sind chinesische Touristen, deren Busse immer hier haltmachen. Die Ware wird daher hauptsächlich auf Chinesisch beschrieben und ausgezeichnet. Das erste Geschäft bietet ausschließlich Haushaltswaren von bekannten deutschen Herstellern an, mit einer großen Auswahl an Pfannen und Messern. Zum Staunen: Messer und Küchenbeile in jeder Größe und Form werden als Stapelware präsentiert – und gleich tütenweise gekauft. Der Laden nebenan führt Gesundheitsprodukte – logo, made in Germany –, unter anderem Arzneimittel aller Art in großen Dosen.

WO? Thomas-Wimmer-Ring 3

Lokales Design bietet **HIER STUDIO & STORE**. Die angebotenen Dinge wurden alle in München designt, meist auch hier produziert. Ob Kosmetik, Papeterie, Mode oder Produktdesign, die Auswahl ist vielfältig. Das schöne Ambiente spielt mit dem Touch des Unfertigen, dem Entstehenden. Betrieben wird der Laden von der Modedesignerin Stephanie Kanau, die hier ihre Kollektionen herstellt und verkauft.

WO? Innere Wiener Straße 24
www.hier.studio

Braucht man am Sonntag mal schnell ein Geschenk oder hat einfach Lust, einkaufen zu gehen, dann kann man in diesen Souvenirshops fündig werden. Das Stadtmuseum hat nämlich gleich zwei Museumsläden: einen historischen **DULTSTAND**, an dem Antiquitäten angeboten werden, und eine Filiale von **SERVUS. HEIMAT**, dem »Fachgeschäft für Heimatliebe und Herzlichkeiten«. Ein ausgesuchtes Angebot an Mitbringseln, Andenken, Textilien und Büchern, die sich alle thematisch mit München und Bayern beschäftigen, lädt zum Stöbern und Einkaufen ein. Insbesondere servus.heimat punktet mit dem modernen Design seiner Produkte.

WO? Münchner Stadtmuseum
St.-Jakobs-Platz 1
www.muenchner-stadtmuseum.de

Ladenzeile Made in Germany.

Welches Mitbringsel bringe ich mit? München, Bier, **MASSKRUG**. So in etwa lautet nach wie vor der beliebte Dreischritt. Wenn's denn wirklich ein Maßkrug sein soll: Der Kaufhof am Marienplatz hat immer welche, und zwar schon ab 6,99 Euro.

Wenn es ein Steinkrug sein soll, dann am besten einen der Oktoberfest-Maßkrüge – das jeweils aktuelle Wiesn-Plakat-Motiv ist aufgedruckt. Die Version aus Glas hat diesen Aufdruck nicht, und lässt sich zudem auch gut als Blumenvase verwenden.

WO? Galeria Kaufhof
Kaufingerstraße 1–5
www.galeria-kaufhof.de

Alles Gemüse

In Schwabing West, auf der westlichen Seite des Luitpoldparks, versteckt sich die **GÄRTNEREI STÄNGLE & LIMMER** zwischen den immer näher an sie heranrückenden Wohnblöcken. Ihr Sortiment umfasst neben Blumen saisonales Gemüse. Wer hier einmal eingekauft hat, wird bestimmt wiederkommen, so charmant und bodenständig muten das Gelände und der Verkauf an. Wem es nicht gleich auffällt: Das Sortiment ist deswegen so umfangreich, weil die Stängles und Limmers zu einer Familie gehören, die zwei Gärtnereien betreibt. Der größere Teil der Waren stammt aus der zweiten Niederlassung in Pipinsried / Altomünster.

Die Öffnungszeiten variieren nach Jahreszeit, geöffnet ist im Frühjahr und Sommer Montag bis Samstag von 8 bis 12 Uhr sowie Montag, Mittwoch und Freitag von 14 bis 17 Uhr. Die Gärtnerei bietet außerdem Aktivführungen für Kindergärten und Schulklassen an (mehr dazu unter www.naturabenteurer.de).

WO? Schleißheimer Straße 228
www.gartenbau-limmer.de

An der Schönstraße liegt die Gärtnerei **GARTENBAU MAZZA**. Angeboten wird eine große Auswahl an hier gezogenen Blumen- und Gemüsestauden für Balkon und / oder Garten – eine gute fachliche Beratung für den Hobbygärtner ist quasi inklusive. Außerdem verkauft Mazza Gemüse, das ebenfalls in Untergiesing angebaut wird. Im Hofladen werden zudem Obst und Käse aus Sizilien sowie Münchner Honig vertrieben. Die Gärtnerei ist in der Regel auch sonntags geöffnet, meist bis 14 Uhr, bei schönem Wetter auch länger.

WO? Schönstraße 99

Mitten im Bahnhofsviertel, zwischen vielen anderen Gemüseläden, hebt sich der **VERDI SÜPERMARKET** mit seinem Angebot deutlich ab. Eine riesige Auswahl und Sortimentstiefe an Gemüse, Obst und tropischen Früchten, dazu verschiedene Kräuter erwarten den Kunden absolut frisch und von sehr guter Qualität. Hinter dem Ladengeschäft befindet sich ein Hof (Zugang über die Einfahrt), in dem Obst und Gemüse steigenweise fast zu Großmarktpreisen verkauft werden.

Im angeschlossenen zweiten Laden gibt es frischen Fisch und an der Theke einen der besten Döner der Stadt, bei dem das Fleisch nicht in Form gepresst ist.

WO? Landwehrstraße 46
www.verdi-supermarket.de

Die Gärtnerei Stängle & Limmer.

Montag, 9.10 Uhr. Wie aus dem Nichts formt sich in der Isabellastraße auf einmal eine kleine Menschenschlange. Gegenüber vom Café Clara hält kurze Zeit später ein grüner Lastwagen – der **GEMÜSELASTER**. Familie Hartshauser ist da, wie jeden Montag. Direkt vom Lkw aus verkauft sie Gemüse, überwiegend aus eigenem Anbau, und Eier, wenn die Hühner gerade legen. Stammkunden bringen ihre eigenen Einkaufstaschen mit, die Ware ist gerade geerntet, die Preise sind sehr günstig. Gegen 9.45 Uhr fährt Familie Hartshauser zu ihren nächsten Haltestellen: Krippe in der Adalbertstraße gegen 10 Uhr, Görresstraße/Josephsplatz gegen 12.30 Uhr, Schelling-/Ecke Cranachstraße gegen 13.10 Uhr.

Der Gemüselaster.

WO? Vor Isabellastraße 9, gegenüber dem Café Clara

Blumenläden

Der **EDEN FLOWERSHOP MUNICH** ist ein kleiner, unkonventioneller Blumenladen – die Betreiber haben ein wunderbares Gespür für ausgefallene Kombinationen und Arrangements von Schnittblumen, Gräsern und Hölzern. Der Service ist ausgesprochen freundlich und die vor der Tür aufgereihten Stühle mit Blick in das Geschäft laden – ehrlich gemeint – zu einer kleinen Pause ein. Hin und wieder finden hier auch kleine Ausstellungen und Abendveranstaltungen statt.

WO? Nordendstraße 15

BLUMEN ADLER gehört zu den ältesten Floristikfachgeschäften in München und wird als Familien- und Meisterbetrieb in vierter Generation geführt. Es werden überwiegend nachhaltig zertifizierte und ökologisch angebaute Blumen, Pflanzen und Materialien verwendet, und, wo möglich, arbeitet man mit Gärtnereien und Blumengroßhändlern aus Bayern zusammen. Hier mischen sich Tradition und Moderne – vom klassischen Blumengesteck zu Allerheiligen bis hin zu aufwendiger Eventfloristik wird alles angeboten. Der kleine Laden ist zurückhaltend eingerichtet und bietet ein schönes Ambiente.

WO? Nymphenburger Straße 187
www.blumenadler.de

In Haidhausen versteckt sich ein Juwel unter den Blumenläden: **BELFLAIR** zeichnet sich durch ausgefallene Dekorationen aus und achtet sehr auf eine gute Qualität der verwendeten Blumen. Ob ein kleines Gesteck für zu Hause oder der Blumen-Schmuck für die Hochzeit – hier wird alles besonders. Abgerundet wird das Angebot durch eine kleine Auswahl an Wohn-Accessoires.

WO? Simon-Knoll-Platz 1
www.belflair.de

PALME PER PAKET liefert Palmen und palmenähnliche Pflanzen sowie andere Exoten aus, die in einem 5 Meter hohen und 80 Meter langen Palmenhaus auf 1.200 Quadratmetern gezogen werden. Verkauft wird aber auch vor Ort – daher kann man hier über 300

Das Belflair.

Arten besichtigen, so auch Bananenge-
wächse, Agaven und Yucca; von Pflan-
zensamen bis zu bereits meterhohen
Palmen, von Klassikern bis zu raren
Sorten – das Sortiment ist unerschöpf-
lich. Unterteilt ist das Palmenhaus in
vier Klimazonen, was den Besuch, vor
allem mit Kindern, noch spannender
und lehrreicher werden lässt.

wo? Am Schnepfenweg 29
www.palmeperpaket.de

Der Eden-Flowershop.

EINKAUFEN

Buchhandlungen

Die Buchhandlung **L. WERNER** ist seit ihrer Gründung im Jahr 1878 auf den Bereich Kunst und Architektur spezialisiert. In bester Innenstadtlage und versteckt in einer der ältesten Passagen Münchens, der Residenzpassage, befindet sich zwischen Theatiner- und Residenzstraße das Stammhaus der Buchhandlung L. Werner. Das zweite Ladengeschäft ist schräg gegenüber des Museums Brandhorst in der Türkenstraße 30 zu finden.

Beide Läden führen ein deutschsprachiges und international ausgesuchtes Sortiment an Fachliteratur und -zeitschriften aus den Bereichen Kunst, Architektur, Film, Gartenkunst und Design. Besonders gut lässt sich ein Einkauf in dem Laden in der Türkenstraße mit einem Besuch der Architekturgalerie München verbinden, die auch durch das Ladengeschäft zu erreichen ist und in ihren wechselnden Ausstellungskonzepten zeitgenössische Strömungen in der Architektur beleuchtet.

WO? Residenzstraße 18, Türkenstraße 30
www.buchhandlung-werner.de

In den 70er Jahren hatten es zeitgenössische Werke im Buchhandel schwer. Daher gründeten einige Schriftsteller ihre eigene **AUTORENBUCHHANDLUNG**: Sie renovierten dafür eine ehemalige Kneipe und standen auch selbst hinter der Kasse. Wer mindestens 1000 DM einzahlte, wurde Gesellschafter, was bedeutete, dass seine Bücher auf jeden Fall geführt wurden. Außerdem hatte er das Recht auf eine Lesung – auch das damals noch ein Novum. In der Wilhelmstraße saß man auf Klappstühlen, es gab Lesungen und Diskussionen, es herrschte Aufbruchsstimmung – für Münchens Literaturszene war die Buchhandlung ein prägender Treffpunkt.

Heute ist die Inhaberschaft neu geregelt und die Beratung erfolgt durch gelernte Buchhändlerinnen: Der gemütliche Verkaufsraum konzentriert sich aufs Wesentliche, auf ein überwiegend literarisches Sortiment. Und natürlich finden weiterhin Lesungen statt.

WO? Wilhelmstraße 41
www.autorenbuchhandlung.de

Das Motto von **SODA** lautet: Curious Publications for Curious People. Zu Recht kann dieser Laden von sich behaupten, Münchens größte Auswahl an nationalen und internationalen Zeitschriften und Magazinen aus den Bereichen De-

Im Soda.

sign (Grafik und Industrie), Mode sowie Food im Programm zu haben. Wie in einer Galerie werden die Publikationen in dem puristisch, ganz in weiß eingerichteten Laden frontal präsentiert. Allein die Fülle der sehr ästhetisch gestalteten Cover ist Inspiration pur – nicht nur für Menschen, die im kreativen Bereich arbeiten.

WO? Rumfordstraße 3
www.sodabooks.com

In der Türkenstraße befindet sich seit den 60er-Jahren das **ANTIQUARIAT HANS HAMMERSTEIN**, dessen Gründer Hans Hammerstein kurz vor dem Jahreswechsel 2011 verstorben ist. Seine Familie, insbesondere Tochter Petra, führt das Antiquariat aber weiter. Gott sei Dank! Der Laden ist ein Juwel – Originalausgaben des »Simplicissimus« strahlen einen schon aus dem Schaufenster an und die Stimmung im Laden ist versunken-fröhlich. Hier gibt es aber noch mehr Talente zu entdecken: Allrounderin Petra Hammerstein bloggt über Essen, Kochen und guten Geschmack auf www.dermutanderer.de; in einer ehemaligen Filiale des Antiquariats in der Augustenstraße 101 betreibt sie mit einer Freundin außerdem das klitzekleine Café Hammerstein & Meier, in dem es in entspannter Randlage besten Kaffee gibt.

WO? Türkenstraße 37

Jungstag

Taschen und Accessoires aus Münchner U-Bahn-Sitzen sind die Spezialität des Labels **KURZZUG**. Das petrolfarbene Kunstleder kennt jeder Fahrgast, es wurde bis in die 80er-Jahre verwendet. Auch das braune Kunstleder der 80er- und 90er-Jahre kommt bei Kurzzug schon zum Einsatz. Die recycelnden Modemacher fertigen daraus Weekender und Stadttaschen, Geldbörsen und Schlüsselanhänger. Hut ab für diese Idee – könnte man sie fragen, die Sitzbezüge würden die besten Geschichten über München erzählen.

WO? Unter anderem bei Ralf's Fine Garments, Fraunhoferstraße 29
www.kurzzug.de

Von außen nicht erkennbar, versteckt sich im ersten Stock eines großen Lampenladens eine Bar: **MIKE'S WHISKEY HANDEL**. Hier verkauft Inhaber Mike Werner US-amerikanischen Whiskey (auch in ganzen Flaschen). Natürlich Bourbon, aber es gibt auch Rye und Wheat Whiskey; lauter Spezialitäten von sorgfältig ausgesuchten Destillerien. Legendär sind auch die Tastings, die hier stattfinden – nur nach Voranmeldung über die Webseite. Dann wird in der Bar und unter Dutzenden Kronleuchtern bis spät in die Nacht gefachsimpelt und verkostet.

WO? Tal 42
www.mikes-whiskeyhandel.de

Im **OPTIMAL** wird natürlich und vor allem Vinyl verkauft; aber auch CDs, DVDs, Bücher, DJ-Taschen und T-Shirts. Gegründet in den 80er-Jahren ist es bis heute mehr als nur ein Plattenladen. Eher handelt es sich um einen Mikrokosmos, in dem sich Verkäufer und international bekannte DJs auf Augenhöhe begegnen und sich die Münchner Musikszene immer wieder neu erfinden und weiterentwickeln konnte.

WO? Kolosseumstraße 6

Die Farben Schwarz und Weiß dominieren die Kollektionen von **HANNIBAL**. Das reduzierte Ladenatelier des Labels in der Holzstraße spiegelt perfekt, worauf es den Machern ankommt: Jedes Stück ist eine raffinierte Mischung aus modernen und klassischen Bezügen. Irgendwie ein bisschen anders, und doch passt sich jedes Kleidungsstück – vor allem die Mäntel – seinem Träger an.

WO? Holzstraße 11
www.hannibal-collection.com

Fashion für Frauen

Die wundervoll eingerichtete Boutique **LILIAN** im Lehel mit traumhaft schön gestalteten Schaufenstern lässt das Shoppingherz höher schlagen: Angeboten werden liebevoll ausgewählte Kollektionen, die als Einzelstück oder in sehr kreativen Kombinationen erworben werden können. Ergänzt wird das Angebot um ausgefallene Accessoires wie besondere Schals, Schmuck und Schuhe. Neben dem Gespür für schöne Mode wird bei der Auswahl auf Qualität und Nachhaltigkeit geachtet. Die Beratung ist kompetent und individuell.

WO? Liebherrstraße 10
www.lilian-muenchen.de

Eine große Auswahl angesagter französischer und skandinavischer Labels findet sich im Laden von **NIA. PRÊT-À-PORTER**. Der Stil ist feminin – hübsche Kleider, verspielte Röcke, Jacken, Chinos, Accessoires wie Taschen und Schmuck sorgen für französisches Flair, nicht nur im Sommer. Möchte die glückliche Käuferin ihr Outfit noch um ein paar besondere Schuhe ergänzen, zieht sie weiter in den dazugehörigen Laden Nia.Bazar in der Türkenstraße 48.

WO? Türkenstraße 35
www.nia-carrousel.de

OSA'S ALPENRAUM hat ein tolles Ladenkonzept: Im Eingangsbereich findet sich eine kleine, stylische Kaffee-Bar; gestärkt durch einen Espresso lässt es sich dann vorzüglich im ausgewählten Sortiment stöbern, das ausgefallene Mode und schöne Basics kombiniert sowie besondere Accessoires bietet.

WO? Frundsbergstraße 17
www.alpenraum-muenchen.de

In der Herzogstraße, kurz vor dem Hohenzollernplatz, befindet sich der Laden **LIEBSCHAFTEN** mit seinem geschmackvoll ausgesuchten und abgestimmten Sortiment. Der Schwerpunkt liegt auf einem femininen Stil mit einem eleganten Touch, aber auch sportliche Mode ist im Angebot – hier findet man eine große Auswahl neuer Trends, die wunderbar zu allen Alltagssituationen passen. Auf nachhaltige und faire Produktion wird geachtet. Und jede neu erworbene Liebschaft kann mit Schmuck, einer Tasche oder neuen Schuhen ergänzt werden.

WO? Herzogstraße 84
www.liebschaften-laden.de

Die Boutique Lilian.

Junge Designer

Obwohl es in München einige Modeschulen gibt, wie zum Beispiel die Deutsche Meisterschule für Mode oder die Esmod Munich, ist die Anzahl an jüngeren Designern, die hier ihre Kollektionen unter einem eigenen Label herausbringen, überschaubar.

Ein kleines, aber sehr feines Modelabel aus München ist **WE.RE**, gegründet und geführt von Theresa Reiter und Katharina Weber. Ursprünglich war die Kollektion nur im Rahmen von Pop-Up-Verkäufen zu bekommen, 2015 eröffneten die beiden Designerinnen dann einen eigenen Laden mit angeschlossenem Atelier in der Klenzestraße. Der Stil von WE.RE lässt sich als eine Kombination aus zurückhaltenden und zugleich raffinierten Schnitten beschreiben, die durch die gedeckten Farbtöne und die Verwendung von hochwertigen Stoffen besonders zur Geltung kommen. Kleidungsstücke und Accessoires gibt es für Damen und Herren. Ein kleiner Tipp am Rande: Gleich neben dem Atelierladen kann man den wunderbaren Kaffee von emilo genießen.

WO? Buttermelcherstraße 5 (Eingang Klenzestraße)
www.werealabel.com

Kathrin Heubeck und Claudia Lassner betreiben gemeinsam Studio und Store in der Corneliusstraße. Unter dem Namen **COCII** stellt die Schmuckdesignerin Claudia Lassner Schmuckstücke her, die sich in ihrer Modernität raffiniert an klassischen Formen orientieren. Filigran und zeitlos lässt sich der Stil wohl am ehesten beschreiben. Und das Tolle – die Preise sind absolut bezahlbar.

KATHRIN HEUBECK fertigt in Handarbeit Taschen aus hochwertigen und nachhaltigen Materialien. Die schlichten Stücke nehmen sich vom Design her zurück und passen sich dem Stil ihrer Besitzer an. Sie ist eigentlich ausgebildete Architektin – vielleicht ist das auch der Grund, warum ihre Taschen so schön minimalistisch sind. Wichtig ist es ihr, gut gearbeitete, langlebige Taschen zu produzieren, die vor allem aus pflanzlich gegerbtem und behandeltem Leder bestehen.

WO? Corneliusstraße 12
www.cocii.de, www.kathrinheubeck.com

Nach Jahren in der internationalen Modewelt hat die Designerin Franziska Bergmiller mit **LOVE KIDSWEAR** in Harlaching ihr eigenes kleines, unabhängiges Label für Kindermode gegründet. Eines der Markenzeichen ihrer Kollektionen

Kleidung von WE.RE.

ist die außergewöhnliche Gestaltung der Stoffe, die zum Teil von Hand bedruckt werden und sich an kindertypischen Themen wie Zirkus orientieren. Die Anziehsachen sind absolut bewegungsfreundlich und sandkastentauglich: unprätentiöse Schnitte, anschmiegsame Stoffe und besondere Designs. Ein Überbleibsel aus der High-End-Fashion-Zeit der Designerin ist auch ihr Anspruch an Stoffqualität und -verarbeitung – Love kidswear produziert nur unter Fair-Trade-Bedingungen und alle Stoffe sind biozertifiziert.

wo? Derzeit nur online erhältlich,
www.love-kidswear.com

Die Keramikermeisterin **ANNIKA SCHÜLER** schafft in freier Handarbeit aus englischem Porzellan feine Kleinserien und Einzelstücke für den täglichen Gebrauch. Traditionelle Farben, Formen und Dekore werden modern interpretiert und wirken erfrischend anders als das gewohnte Geschirr von Mama. Das Angebot runden Kooperationen ab, wie zum Beispiel die Makramee-Blumenampeln vom Label Porã Ité, die Schalen von Annika Schüler verarbeiten.

Bei Annika Schüler kann man übrigens auch Drehkurse an der Töpferscheibe besuchen – für ein bis zwei Personen. Diese finden in der Werkstatt in der Guldeinstraße statt. Ihre Arbeiten gibt es in wechselnden Concept Stores zu kaufen.

wo? Guldeinstraße 28, Rückgebäude
www.annikaschueler.de

Fair Fashion

Als einer der ersten Modeläden in München hat sich **GLORE** ausschließlich auf hochwertig hergestellte Produkte spezialisiert, die als wesentliche Bedingungen Folgendes erfüllen: faire und soziale Standards in der Produktion, umweltschonend und schadstofffrei in Anbau und Weiterverarbeitung der Rohstoffe und Textilien. Das Sortiment setzt sich aus internationalen Labels und unbekannteren Designern zusammen, Zielgruppe sind umwelt- und stilbewusste, trendinteressierte Frauen und Männer; außerdem im Angebot sind schöne Baby- und Kinderanziehsachen für deren Zöglinge. Die Gründerin von glore hat in der Textilindustrie gearbeitet, ehe sie sich grundlegend mit den Herstellungsbedingungen auseinandersetzte – und als Konsequenz glore ins Leben rief.

WO? Baaderstraße 55
www.glore.de

Vis-à-vis der Hochschule für Fernsehen und Film befindet sich der Konzeptladen **VEGANISTA**, in dem man Schuhe, Kleidung und Schmuck kaufen kann – alles nachhaltig produziert. Die Produkte stammen aus fairem Handel. Das Angebot runden guter Espresso und hausgemachte Cookies ab, die man hier verspeisen kann, selbstverständlich vegan, wie der Name schon sagt.

WO? Barer Straße 36
www.veganista-muc.de

Das Label **ROOM TO ROAM** steht für locker-legere Organic-Fashion, die in Deutschland produziert wird, und auf Materialien aus fairem Öko-Handel zurückgreift. Die Kollektionen sind jeweils einer bedrohten Landschaft gewidmet, die Mode ist aktuell und spannend. Unweit des Max-Weber-Platzes liegt das Ladengeschäft, in dem sich auch das Atelier der Designerin Akela Stoklas befindet.

WO? Johannisplatz 21
www.room-to-roam.com

DEARGOODS möchte »tierfreundlich, menschenfreundlich und umweltfreundlich« sein, so das Konzept des kleinen Unternehmens, das in München bereits mehrere Filialen eröffnet hat und auch in weitere Städte Deutschlands expandiert ist. Das gesamte Angebot ist fair, bio und vegan. Neben Alltagsmode für

Accessoires ...

und Kleidung bei glore.

Frauen und Männer bietet DearGoods auch schöne Accessoires wie Schmuck, Schals und Taschen. Ergänzt wird das Sortiment durch vegane Kosmetik.

wo? Friedrichstraße 28
www.deargoods.com

Secondhand

Den ältesten Münchner Secondhand-Laden findet man in einem Hinterhaus in der Theresienstraße. Im Jahr 1948 gründeten US-Amerikanerinnen und Münchnerinnen die **FREIE SELBSTHILFE E. V.** mit der Idee, Familien durch den Verkauf von gebrauchten Gegenständen zu unterstützen. Seit jeher wird der Verkauf nur durch ehrenamtliche Mitarbeiterinnen betrieben, die Ware wird in Kommission verkauft. Ein Besuch lohnt sich allein schon wegen der beinahe musealen Atmosphäre der Räumlichkeiten: der Charme des unrenovierten Altbaus, der knarzende Dielenboden und im Winter die Bolleröfen – man spürt vergangenen Zeiten in der Maxvorstadt nach. Das Angebot, das von extravaganter Kleidung über Schmuck bis hin zu wertvollem Porzellan reicht, befindet sich in gutem und ordentlichem Zustand. In der Weihnachtszeit gibt es außerdem eine große Auswahl an Christbaumschmuck.

WO? Theresienstraße 66

In der Münchner Altstadt, in einer Querstraße zur Maximilianstraße, befindet sich der Laden **EXCLUSIV FIRST-CLASS SECOND HAND**. Manches von dem, was mal firsthand in einer der Edelboutiquen auf der Maximilianstraße gekauft wurde, landet in der eher versteckten Wurzerstraße – in einem Geschäft für den Zweitverkauf und die Zweitnutzung von ausgefallenen Designerstücken. Hier gibt es eine große Auswahl an Abend- und Cocktailkleidern, Ballroben, Kleidern, Mänteln sowie Taschen, Schuhen und Gürteln. Jeder Artikel ist auf Echtheit und Qualität geprüft und mit Liebe zum Detail ausgewählt.

WO? Wurzerstraße 10

Mehr Masse als Klasse, in der Sortierung nach Farben und im Geruch angelehnt an das Vorgängerkonzept Kleidermarkt, setzt **PICKNWEIGHT** auf eine riesige Auswahl an ausgefallenen Secondhand-Kleidungsstücken und Accessoires. Das Besondere: Alle Kleidungsstücke werden hier zu Kilopreisen angeboten. So kosten zum Beispiel Schuhe 45 Euro je Kilo, Jeans und Sweatshirts gibt es für 25 Euro je Kilo. Großes Angebot an individuellen Kleidungsstücken, von den 50er-Jahren bis heute ist alles zu haben. Eine zweite Filiale findet sich im Tal 15.

WO? Schellingstraße 24
www.picknweight.de

PICKnWEIGHT-Filiale.

ABBA (Arbeit für Behinderte, Benachteiligte und Arbeitslose) ist ein von der Stadt München gefördertes Beschäftigungs- und Qualifizierungsprojekt, das Menschen mit Behinderung und/oder in schwierigen Lebenslagen den Weg zurück ins Arbeitsleben ebnet. ABBA bietet verschiedene Dienstleistungen wie Garten- und Landschaftsbau, Entrümpelungen oder Zweitverwertungen an. Die erzielten Erlöse tragen zur Finanzierung der Einrichtungen bei. Das Sortiment im Altwaren- und Zweitbuchladen in der Perlacher Straße umfasst neben Büchern aller Art auch Schallplatten, CDs, DVDs, Spielwaren, CD- und DVD-Player, HiFi-Anlagen, Elektrokleingeräte sowie Hausrat- und Dekoartikel. Einkaufen oder doch lieber etwas loswerden? Sachspenden werden gerne entgegengenommen. Eine weitere Filiale findet sich in der Bad-Schachener-Straße 1.

WO? Perlacher Straße 21
www.abba-zweitbuch.de

Möbeldesign

Schlichte Vollholzmöbel im Shaker-Stil oder in modernem Design, dazu Regalsysteme und Lampen bietet STEIN11. Außerdem Tische aus Massivholz, die in beliebigen Maßen gefertigt werden. Jedes Möbelstück strahlt Zurückhaltung aus, was den Laden von innen wie auch außen zu einer echten Augenweide macht.

WO? Steinstraße 11
www.stein11.de

Im DESIGNHAUS von ambientedirect.com werden auf drei Stockwerken etwa 150 verschiedene Designer ausgestellt. Von Wohnen und Schlafen über Küchenmöbel bis hin zu Stoffen sind alle Bereiche abgedeckt. Auf der Dachterrasse stehen Garten- und Balkonmöbel und nebenbei bietet sich ein schöner Weitblick in den Süden. Eine Illy-Bar und Garibaldis Feinkost runden das Angebot ab. Besucher erhalten am Eingang ein iPad als stillen Berater ausgehändigt, als Gimmick können damit alle ausgestellten Lampen ein- und wieder ausgeschaltet werden.

WO? Zielstattstraße 32
www.ambientedirect.com/designhaus

FREIRAUM MÜNCHEN schafft den Spagat zwischen unterschiedlichen Kundenwünschen und der enormen Vielfalt im Designmöbel-Bereich. Der Showroom mutet wie eine weiß gestrichene Fabriketage an, in der Möbel und Lampen verteilt wurden, ohne vollgestopft zu wirken. Hier findet man seinen modernen Klassiker, zum Beispiel ein Stück von Nils Holger Moormann. Freiraum bietet Möbel an – so die Intention –, die auch nach vielen Jahren noch durch ihren Stil und ihre Qualität glücklich machen.

WO? Damenstiftstraße 4
www.freiraum-muenchen.de

KOTON bietet Möbeldesign von Klassikern, wie etwa den Eames Plastic Chair von Vitra. Außerdem gibt es hier rare und gut erhaltene Vintage-Stücke. Wer schon immer von einem Bubble Chair von Eero Aarnio geträumt hat, ist hier genau richtig. Zum Gebäude in der Barer Straße noch etwas unnützes München-Wissen: Das Haus wurde 2015 von einer Straßenbahn gerammt, als diese nach einem Unfall entgleiste.

WO? Barer Straße 38
www.koton.de

Atelierläden

Im **SIEBENMACHEN** Atelierladen verkaufen Designer und Künstler ihre eigenen Produkte. Dabei agieren sie gewissermaßen als Kollektiv: Jeder trägt einen Teil der monatlichen Laden-Kosten mit, es gibt weder Regalmiete noch Umsatzprovision. Das Sortiment hat immer ein Oberthema und wechselt alle drei Monate, es wird ergänzt durch Gast-Gestalter. Neben dem Verkauf organisiert das Team Netzwerk-Veranstaltungen sowie Events im Kreativbereich. Der helle Laden befindet sich in einem ehemaligen Blumengeschäft vis-à-vis vom Ostfriedhof.

WO? St.-Bonifatius-Straße 20
www.siebenmachen.de

Der Laden von **LOULOUTE** ist ein schönes Beispiel dafür, was sich im Westend so tut. Monika Peter und Claire Massieu geben Nähkurse – für Anfänger wie für fortgeschrittene Kenner; sie verkaufen ein ausgewähltes Näh-Sortiment und schneidern ihre eigene Mode »á la carte«.

WO? Gollierstraße 33
www.louloute.de

Das gemütliche **STUDIO WANDERLUST** mischt Atelier, Café und Laden: ein kleines Eldorado, in dem schöne Sachen und leckere Dinge angeboten werden. Es gibt Mittagessen (vegetarisch und vegan), hausgebackenen Kuchen, witzige Geschenke, etwas Mode und vieles andere mehr. Und doch ist es erstaunlicherweise kein wildes Sammelsurium, denn irgendwie passt alles gut zusammen. Ein Ort zum Entdecken und zum Wohlfühlen.

WO? Clemensstraße 59
www.studio-wanderlust.de

Lustig gemischt führt **KARUSA** Handarbeiten, Geschenkartikel, Nippes und Firlefanz aller Art. Der Schwerpunkt liegt auf Selbstgemachtem; dazu kommt noch Damen- und Kinder-Secondhand-Mode. Die Inhaberin möchte, dass der Laden wie eine Wundertüte ist, daher wechselt das bunte Angebot stetig.

WO? Humboldtstraße 6
www.karusa.de

Besonders

RADSPIELER – gegründet 1841 – war einst Königlich Bayerischer Hoflieferant. Seit 1848 hat das Geschäft seinen Sitz im Palais Rechberg in der Hackenstraße. Und auch heute noch ist ein Besuch ein Erlebnis: Lampen, Teppiche, Glas, Porzellan oder Möbel – diese zum Teil aus eigener Schreinerei –, eine große Stoffabteilung und vieles andere mehr verteilen sich im Haus. Jeder Raum, den man betritt, hat seine eigene Atmosphäre. Plötzlich tun sich Schnitzereien an der Decke auf oder das Parkett knarzt unter den Schritten der Besucher. Beeindruckender Höhepunkt ist der alte Garten, der zur Ausstellung von Gartenmöbeln genutzt wird und ein Ort der Ruhe ist.

WO? Hackenstraße 7
www.radspieler.com

1998 gründete Klaus Lohmeyer sein Label **WERKSTATT:MÜNCHEN**. Er fand schlicht nicht den maskulinen Schmuck, den er sich wünschte, deshalb studierte er Schmuck-Design und kreierte ihn selbst. Seit 2007 betreibt er seine Werkstatt in einem Rückgebäude der Fraunhoferstraße; alles wird hier vor Ort von 13 Mitarbeitern handwerklich hergestellt: Ringe, Armbänder und Ketten, Gürtelschnallen oder auch Brillen. Werkstatt:München ist heute international etabliert. Im Atelier können die kunstvollen Arbeiten begutachtet und erworben werden.

WO? Fraunhoferstraße 31, Rückgebäude
www.werkstatt-muenchen.com

Wer den **KOSTÜMVERLEIH BREUER** betritt, kommt aus dem Staunen nicht mehr heraus. »Sie haben die Fantasie – wir die Kostüme« verspricht der alteingesessene Spezialist. Ob Sechziger-Jahre-Elfe oder Husarenuniform, der Fundus ist schier unendlich. Auch im Angebot: alles für die Hochzeit, Zitat: »Auch Ihre Gäste, Brautjungfern, Blumenkinder und natürlich ebenso den Bräutigam kleiden wir ein.« Immer gilt: Die Anpassung durch die eigene Schneiderei ist bei der Miete inklusive; und wer das Kleidungsstück dann behalten will, kann es kaufen. Der Leihpreis wird sogar angerechnet.

WO? Hohenzollernstraße 22 a
www.kostuemverleih.com

Im Radspieler-Garten.

So hell und klar gestaltet, so hübsch anzusehen: Der **WEISSGLUT CONCEPT STORE** präsentiert junge Designer in passendem Ambiente. Hier gibt es Möbel und viele schöne Dinge rund ums Wohnen, Porzellan, Küchenzubehör und auch etwas Kunst. Hinzu kommen Mode und Schmuck. Ob für sich selbst oder als Geschenk, mit Sicherheit wird man hier das Richtige finden, denn die Auswahl ist größer, als man beim Betreten des Ladens vermutet.

WO? Hohenzollernstraße 8
www.weissglut-design.de

Spezialgeschäfte

Der Bürgersteig vor der **GOLDSTUBE24** ist eine Art Barometer: Je nach aktuellem Goldpreis und der gefühlten Wirtschaftslage ist die Schlange vor dem Geschäft mal länger und mal kürzer: Seit über dreißig Jahren handelt hier Hans Zöbelein mit Gold und Edelmetallen. Die Kunden tauschen Goldschmuck, Zahngold oder Münzen gegen Euros. Sie ziehen beim Türsteher eine Nummer und reihen sich in der Warteschlange ein. Im Inneren des Geschäfts herrscht eine gemütliche Atmosphäre, zwischen Sammelsurium und alteingesessenem Einzelhandel. Wer länger warten muss, bekommt manchmal einen Cappuccino gebracht.

WO? Schellingstraße 63
www.goldstube24.de

Zweihandschwerter, Kettenhemden oder Kampfschilder: Das ist nur ein kleiner Teil des Sortiments von **DIE RITTER.** Hier gibt es fast alles, was das Herz eines erwachsenen Mittelalter-Fans höher schlagen lässt! Dabei hat der Laden nur wenige Quadratmeter Verkaufsfläche zur Verfügung. Die Beratung ist umfassend und kompetent, gerade bei Sonderanfertigungen und Spezialbestellungen.

WO? Thalkirchner Straße 14
www.die-ritter.de

An der Kreuzung Schul-/Ecke Hirschbergstraße tut sich was im Straßenbild: Zwei einander gegenüberliegende Läden gehören zu **TOLLY'S SCHAUFENSTER-FIGUREN** – schon von außen sieht man unglaublich viele Schaufensterpuppen. Die schiere Masse an Plastikbeinen und -bäuchen ist ein einmaliger Anblick. Im Hauptgeschäft entdeckt man eine Elvis-Puppe, die anderen Puppen vorsingt.

WO? Schulstraße 27
www.tollys.de

Der **HOBBY-SHOP** ist über Pasings Grenzen hinaus bei vielen Bastlern und Anhängern des Modellbaus bekannt. Das Angebot richtet sich an Kinder genauso wie an Erwachsene; vom Zubehör für Textilgestaltung bis zum komplexen Motorflieger-Bausatz ist alles zu haben. Geschäfte wie diese gab es früher überall in München – inzwischen sind sie rar geworden. Die Fahrt lohnt also nicht nur für alle Kunden mit Bastel-Hobby, sondern auch für Neugierige und Nostalgiker.

WO? Planegger Straße 11
www.hobbyshopx2.de

Fachhandel

Die Landwehrstraße ist für einige Unikate gut – so findet sich hier auch das **TONNADELPARADIES GLEICH**, das Tonnadeln und Tonabnehmer für nahezu alle Plattenspieler sowie deren Saphire, Diamanten oder Ersatzsysteme führt. Auch für Grammophone hat das Geschäft Stahlnadeln verschiedener Lautstärken im Angebot. Das hochspezialisierte Sortiment umfasst noch weiteres Zubehör für Plattenspieler sowie Reinigungsutensilien für Schallplatten. Einige neue und gebrauchte Plattenspieler werden ebenfalls angeboten.

WO? Landwehrstraße 48
www.plattennadel.de

»Fortschrittliche Elemente für die Verbindungstechnik – seit 1921 Ihr Fachgeschäft« – so das Selbstverständnis von **SCHRAUBEN PREISINGER**. Oder anders gesagt: Es gibt keine Schrauben, Muttern oder Verbindungselemente, die der Laden nicht entweder auf Lager oder kurzfristig lieferbar hat. Praktisch ist, dass jede Schraube einzeln gekauft werden kann – so hat man keine halbvollen Packungen mit Schrauben zu Hause, die man eh nie wieder braucht.

WO? Utzschneiderstraße 5
www.schrauben-preisinger.de

In der Nähe vom Rotkreuzplatz verkauft die **PERLERIE** neben Glasperlen auch solche aus Metall, Holz, Muscheln und vielen weiteren Materialien. Dazu kommen unterschiedliche Knöpfe und diverses Zubehör, um Ketten und allerlei anderen Schmuck zu fertigen. Wer möchte, darf auch im Laden sofort mit dem Basteln loslegen. Die Inhaberin gibt außerdem etwa alle 14 Tage Abendkurse in Schmuckgestaltung. Besonders beliebt sind ihre Kinderkurse, die man als Kindergeburtstags-Event buchen kann.

WO? Volkartstraße 17
www.perlerie.net

Mechanische Fotoapparate sind die Spezialität von Gerard Wiener. Seit über 40 Jahren repariert er diese in seinem Laden **WIENER FOTOREPARATUR-SCHNELLSERVICE** und gilt daher als DER Fachmann für analoge Geräte – auch über die Grenzen der Stadt hinaus. Sein Laden wirkt zudem wie eine einzige sympathische Zeitmaschine; analoge Fotoapparate und »historisches« Zubehör, wohin man schaut.

WO? Landwehrstraße 12

Tolly's Schaufensterfiguren.

EINKAUFEN

Versteigerungen

Von einer Holzfigur des Isidor, Zahngold und Brechstangen (!) über Champagner, der bei einem Gastronom beschlagnahmt wurde, bis hin zu einer Ritterrüstung – es gibt fast nichts, was der Staat nicht pfänden und dann zu Barem machen kann. Das **FINANZAMT MÜNCHEN** ist zuständig für die Verwertung der im Raum München bei Steuersündern beschlagnahmten oder von Behörden ausgemusterten Gegenstände. In einer großen Halle auf einem Gelände des Finanzministeriums wird die Ware regelmäßig öffentlich versteigert. Besonderer Mittelpunkt ist der Auktionator, der mit gekonntem Blick und spitzer Zunge die Gegenstände anpreist; zum Vergnügen und unter großem Gelächter des Publikums, das sich aus Zaungästen und ernstzunehmenden Käufern (Ebay-Händler, Zuhälter, Schnäppchenjäger) zusammensetzt. Kaufen kann jeder nach den aushängenden Versteigerungsregeln – nur bei Schusswaffen gibt es Einschränkungen. Sofort nach dem Zuschlag muss bezahlt werden, das geht jetzt auch per EC-Karte. Die ersteigerten »Schätze« werden dann entweder mitgenommen oder mit einer Nummer versehen und zu einem späteren Zeitpunkt abgeholt. Mindestens 50 Prozent des von einem Sachverständigen vorher festgelegten Schätzwerts muss erreicht werden, darunter geht die Ware nicht raus.

WO? Winzererstraße 47 a
www.finanzamt.bayern.de/Muenchen/Versteigerungen

Am Flughafen werden offenbar so viele Uhren verloren, dass sie auch mal paketweise an den Mann gebracht werden können. Der Besuch der Versteigerung lohnt sich also nicht nur wegen der »**ÜBERRASCHUNGSKOFFER**« (herrenloses Gepäck mit komplettem Inhalt). Es lockt der Duft der weiten Welt – die ihre Sachen liegen lässt, wie zum Beispiel Laptops ohne deutsche Tastatur, venezianische Masken oder den Deko-Eiffelturm. Teilnehmen an den Auktionen darf natürlich jeder, die AGBs verbieten es aber, dabei »geistige Getränke« zu sich zu nehmen. Seltsam, da doch fünf der sechs Termine auf Volksfesten im Bierzelt stattfinden, wie zum Beispiel in Hallbergmoos. Achtung: Es kann nur bar bezahlt werden.

WO? www.munich-airport.de, Stichwort: Versteigerungen

Auf der Olympia-Reitanlage in Riem werden mehrmals im Jahr Pferde versteigert. Besonders die **FOHLENAUKTIONEN** sind einen Besuch wert – auch wenn Sie kein Tier mit nach Hause nehmen möchten. Das Reitstadion Riem – bitte nicht mit der Galopprennbahn Riem oder der Trabrennbahn in Daglfing verwechseln – wurde 1972 für die Olympiade erbaut. 2008 wurden wesentliche

Bei der Fohlenauktion.

Teile gesprengt, da sie marode waren. Bekannt wurde das Gelände auch durch Großkonzerte (die seit 2012 wegen Sicherheitsmängeln leider nicht mehr dort stattfinden dürfen) oder die Pferd International, eine Event-Messe rund ums Hippologische. In der Olympia-Reitanlage hat neben zahlreichen Reitvereinen auch die Berittene Polizei ihre Stallungen.

Die Fohlenauktionen finden etwa im Rahmen der Bayerischen Meisterschaften unter der Ägide des Bayerischen Pferdezüchter e. V. statt. Dann werden »springbetonte Töchter« oder Söhne, deren »Elastizität und Bewegungsopulenz ... ihresgleichen sucht« versteigert – ab etwa viertausend Euro aufwärts.

wo? Olympia-Reitanlage, Landshamer Straße 11
www.olympiareitanlage.de, www.fohlenkauf.eu

Das Kreisverwaltungsreferat versteigert zweimal im Jahr sogenannte **FUND-FAHRRÄDER**. (Herrenlose Fahrräder dürfen übrigens nicht von jedermann aufs Fundamt gebracht werden, nur die Polizei darf sie annehmen. Erst wenn die Beamten geklärt haben, dass das Rad nicht als gestohlen gemeldet ist, leitet es die Polizei an das Fundbüro weiter.) Vor der Auktion können die Drahtesel morgens im Fundbüro besichtigt werden – sehr zu empfehlen –, um dann später ersteigert zu werden. Die Auktionen finden nicht immer in der Oetztaler Straße statt. Termine gibt das Fundbüro einige Wochen vorher auf seiner Webseite bekannt. Achtung: Nur Barzahlung!

wo? Fundbüro, Oetztaler Straße 19
www.muenchen.de, Stichwort: Versteigerung

Essen

In Gruppen gehen Münchner gerne essen. Wer sich mit Freunden verabredet, tut das oft in einem Lokal, und beginnt den Abend mit einer gemeinsamen Mahlzeit. Das mag auch eine Erklärung dafür sein, warum man in vielen Restaurants gerade an den Wochenenden inzwischen ohne Reservierung keinen Tisch mehr bekommt. Ab November wird es dann noch enger wegen der Weihnachtsfeiern der ansässigen Firmen. Die Gastronomie reagiert auf die hohe Nachfrage mit speziell auf den Geschmack des Publikums zugeschnittenen Angeboten, bei denen zum Beispiel uriges Ambiente mit neuen Trends kombiniert wird, die Bewirtung außer Haus wird zum Event, die Tische stehen meist eng beieinander und es darf ruhig ziemlich laut im Lokal werden.

Großen Spaß macht es, unbekannte Küchen auszuprobieren oder sich von Köchen, die sich auf eine Zutat oder Richtung spezialisiert haben, verwöhnen zu lassen; ob bayerische Wirtshäuser oder italienische Feinkost, seltene Speisekarten oder die beste warme Mahlzeit auf die Hand, dazu reicht manchmal schon die Mittagspause aus. Man geht am besten dorthin, wo jemand das kocht, was er selber liebt – denn: Weniger Event bedeutet mehr Begegnung. Über den Preis des Essens redet der Münchner übrigens gern – öfter jedenfalls als über die Qualität der Zutaten oder die Hingabe bei der Zubereitung. Glücklich aber macht jeden der Geruch von frischem, gutem Brot.

Bäcker

Den Verkaufsraum der **NEULINGER BROT & FEINBÄCKEREI** dominiert ein gro-ßer Holzofen – der nicht zu Dekozwecken hier steht, sondern in dem im Win-ter mehrmals die Woche Brot gebacken wird, im Sommer würde sich der Raum zu sehr aufheizen. Schon nach dem ersten Einkauf bei Neulinger ist klar, warum Backen ein Handwerk und eine Kunst ist, warum Brot mehr sein kann als Nah-rung, und dass man sich als kleine Bäckerei keine Sorgen machen muss, wenn man sich auf Qualität verlässt: Die meisten Zutaten stammen aus biologischem Anbau. Dem Bäcker und seinem Team liegt es einfach am Herzen, gutes Brot und leckeren Kuchen, feines Eis und den ein oder anderen pfiffigen Zwischen-snack herzustellen. Neben der Backstube mit Laden in der Volkartstraße be-treibt Neulinger inzwischen drei weitere Geschäfte mit Café in München.

WO? Volkartstraße 48
www.baeckerei-neulinger.de

Das feine Sortiment bei **OBORI** beinhaltet unter anderem ein besonders schmack-haftes Bauernbrot, tolles Baguette und eine feine Auswahl an Konditoren-Kunststücken. Herr und Frau Obori backen europäische Delikatessen – ihre Geschichte begann einst in Japan, von wo aus sich das Ehepaar aufmachte, um in Deutschland das handwerkliche Backen zu lernen. Es war ein langer Weg, ehe Ausbildung, Aufenthaltsgenehmigung und Backstube beisammen waren. Aber es hat sich gelohnt, heute kann man während des Einkaufs in der Backstube zu-sehen, mit wie viel Liebe zum Detail die Oboris ans Werk gehen.

WO? Lothringer Straße 15

Eine kleine **BÄCKEREI FÜR NAAN**, arabisches Fladenbrot, befindet sich in der Landwehr-/Ecke Goethestraße. Auf engstem Raum arbeiten hier fünf bis sechs Männer um einen offenen, kesselförmigen Ofen herum, der Tannur genannt wird: Der Teig wird für kurze Zeit an der Innenseite des Kessels gebacken. Die Bäcker produzieren hauptsächlich für die umliegenden Restaurants, wie das be-nachbarte Sara Restaurant Grill House; es gibt aber auch einen Straßenverkauf, vom Ofen direkt auf die Hand. Der Laden ist so klein, dass die Kunden durchs Fenster bedient werden. Frisch schmeckt das Brot am allerbesten; es besticht durch sein spezielles Aroma und kostet pro Stück 40 Cent.

WO? Landwehrstraße 40

In der Bäckerei Neulinger.

Es könnte Münchens älteste Biobäckerei sein: Das **K.O. BACK-KOLLEKTIV** in Schwabing gibt es nämlich schon seit 1984. Bis heute wird das Korn für das verwendete Mehl hier frisch vor Ort gemahlen. Auch wenn der Laden etwas vom Zentrum abgelegen ist – den Weg ist es wert; und man kann ja gleich etwas mehr kaufen, die Sauerteig-Brote halten bis zu 14 Tage. Auch Kuchen, Gebäck und insbesondere die Brezn sind sehr zu empfehlen. Das Sortiment wird durch ein kleines Angebot an Lebensmitteln sowie Obst und Gemüse ergänzt – ein Quartiers-Bioladen, wie er im Buche steht. Die meisten Kunden kommen wegen des Backbetriebs aber auch von weiter weg.

WO? Gundelindenstraße 1

Weißwürste

Münchner diskutieren mit viel Herzblut, welcher Metzger denn nun die allerbeste Weißwurst herstellt – regelmäßig fallen da die Namen Bauch, Gaßner und Wallner. Um sich selbst eine Meinung zu bilden, bietet sich das **TURMSTÜBERL IM VALENTIN-KARLSTADT-MUSÄUM** an: Es ist ein uriger, schräger Ort, ideal für ein Weißwurstfrühstück. Die Weißwürste liefert die Metzgerei Gaßner. Man kann auch zur Metzgerei fahren, Gaßner betreibt auf dem Viehhofgelände ein Marktstüberl, geöffnet ist ab 6 Uhr (Zenettistraße 11).

WO? Tal 50
www.turmstüberl.de

Die Metzgerei Magnus Bauch wiederum beliefert auch das **WIRTSHAUS IN DER AU**. Dort gibt es immer samstags und sonntags sowie feiertags bis 15 Uhr Weißwurstfrühstück. Um schließlich noch Wallners Kunststücke zu probieren, geht man in seine **GASTSTÄTTE GROSSMARKTHALLE** (Kochelseestraße 13); legendäre Qualität aus eigener Produktion und traditionelles Ambiente.

WO? Lilienstraße 51
www.wirtshausinderau.de

Die **FAMILIE STEPHANI** betreibt auf dem Viktualienmarkt ein auf Geflügel spezialisiertes Geschäft mit einer unglaublich vielfältigen Auswahl. Aus eigener Produktion stammt etwa auch die Geflügel-Weißwurst: für alle, die aus religiösen oder gesundheitlichen Gründen kein Schweinefleisch essen, und für alle, die einmal eine etwas andere Weißwurst probieren möchten.

WO? Viktualienmarkt, Abteilung 5, Laden 6/7
www.gefluegelparadies.com

Die **METZGEREI ZIMMERMANN** liegt am westlichen Stadtrand, aber der Familienbetrieb hat auch außerhalb Lochhausens eine große Fangemeinde. Das liegt an der langen Familientradition sowie an der eigenen Schlachtung – die Tiere stammen seit Jahrzehnten vom gleichen Bauernhof im Umland – und der anschließenden Eigenproduktion. Den Kunden erwarten freundliche Fachverkäufer im klassisch-rustikal gekachelten Verkaufsraum. Zimmermann gewinnt seit Jahren regelmäßig Gold bei der Prämierung zur Münchner Weißwurst.

WO? Erlbachstraße 3
www.zimmermann-metzgerei.de

Fleisch und Wurst

Einer der beliebtesten Metzger Haidhausens ist im idyllischen Teil der Steinstraße zu Hause. Das Angebot von **IGNAZ VOGL** stammt aus eigener Fertigung (was in München inzwischen eher eine Ausnahme als die Regel ist). Im Sommer erweitert sich das Sortiment um begehrtes Grillfleisch, wie etwa marinierten Schweinebauch. Samstags kann die Kundenschlange bis auf die Straße reichen.

WO? Steinstraße 61
www.metzgerei-ignaz-vogl.de

Direkte Kundenansprache einmal anders: Frau **WACHTER** und ihre Mitarbeiter zelebrieren das ein wenig, könnte man sagen, in ihrer alteingesessenen Viertel-Metzgerei in Untergiesing. Also Zeit mitbringen, Ohren aufsperren und mitratschen. Und dann bloß nicht die Tüten vor lauter Einkaufsglück stehen lassen.

WO? Hans-Mielich-Straße 1 a

Koschere Fleisch- und Wurstwaren bietet **DANEL FEINKOST** an; die Produktion stammt aus der eigenen Metzgerei. Das Geschäft ist eine Institution, denn es ist das einzige im Süden Deutschlands, das koschere Lebensmittel anbietet (und im Online-Shop versendet). Nach 25 Jahren in Untergiesing ist Danel 2016 nach Bogenhausen umgezogen. Das Angebot steht unter ständiger Aufsicht des Rabbinats der Israelitischen Kultusgemeinde München und Oberbayern. Ob Wein, spezielle Dips oder Gummibärchen – die Auswahl an koscheren Produkten, vor allem Lebensmitteln, ist groß. An der Fleischtheke im hinteren Teil des Ladens gibt es auch köstlich belegte Bagels als Imbiss.

WO? Prinzregentenstraße 130
www.koscher.net/danel

Die **METZGEREI JAIS** in Trudering ist schon seit vier Generationen in Familienhand. Geschlachtet werden nur Tiere, die aus der Region kommen und die die Metzgerei selbst bei Landwirten oder Händlern eingekauft hat. Die Fleisch- und Wurstwaren werden zudem in der eigenen Produktion hergestellt. Aus hygienischen Gründen sinnvoll, aber ungewöhnlich ist der Kassenautomat im Ladengeschäft: Nach der Bestellung bezahlt man erst am Automaten, dann bekommt man die Ware ausgehändigt – die Verkäufer berühren so kein Geld.

WO? Bajuwarenstraße 22
www.metzgerei-jais.de

Mittags in München

Das **CAFÉ VON & ZU** ist als Teil der Fernando-von-Schirnding-Weinhandlung in einem charmanten Flachbau untergebracht. Ursprünglich war es »nur« eine besondere Weinhandlung, bis dann das Bistro hinzukam, in dem Oldtimer stehen und ihren Retro-Charme versprühen. Die Einrichtung ist dezent, durch die Oberlichtfenster entsteht eine tolle Atmosphäre. Die Räume wirken durchlässig – als würde man draußen sitzen. Von manchen Plätzen aus schaut man auch auf die Bäume des angrenzenden Parks hinter der Glyptothek. Eine gemütliche Ruhe stellt sich für gewöhnlich schnell bei den Restaurantbesuchern ein, die sich fühlen, als seien sie im Italien der 50er-Jahre gelandet. Die Mittagsgerichte konzentrieren sich aufs Wesentliche und haben ein super Preis-Leistungs-Verhältnis.

WO? Luisenstraße 22

Das Grillfleisch-Sandwich mit »Jahrhundertsoße« ist der Grund, warum sich bei **ZUM WÜRSTLKÖNIG** mittags lange Schlangen bilden. Der Laden sieht aus wie eine unscheinbare Imbissbude und bietet neben der Salzburger Bosna speziell mariniertes Schweinefleisch, das langsam auf einem Spieß gegrillt wird. Die Portionen sind mächtig. Die Stammkunden rätseln bis heute, welche Zutaten in der »Jahrhundertsoße« stecken könnten – und halten dem Imbiss in der Nähe des Goetheplatzes einstweilen die Treue.

WO? Lindwurmstraße 77

Das Phänomen der **FOODTRUCKS** ist natürlich auch in München angekommen. Ob Gegrilltes, Pizza oder veganes Essen – für fast jeden Geschmack rollt ein eigener Foodtruck durch die Stadt. Nur zwei Beispiele: Die IsarDogs bieten »Gourmet-Hotdogs« an. Die intolerante Isi kocht für Menschen mit Lebensmittel-Intoleranzen. Da sich die Standorte der Trucks natürlich täglich ändern, hat es sich die Webseite Foodtrucks Deutschland zur ehrenvollen Aufgabe gemacht, zu vermelden, wer wo was anbietet.

Aber ein Tipp am Rande: An der »neuen Balan« steht werktags häufig einer der rollenden Genuss-Wagen.

WO? Balanstraße 72
www.foodtrucks-deutschland.de/trucks/food-trucks-muenchen

Das Café von & zu, von innen …

und außen.

In der Valleystraße ist das libanesische Essen zu Hause: Im **MANOUCHE** wird das gleichnamige Straßenessen in verschiedenen Varianten serviert. Die »libanesische Pizza« ist ein frisch gebackenes Fladenbrot, das unterschiedlich belegt wird – wer zum ersten Mal hier isst, beginnt am besten mit Manouche Zaatar. Schräg gegenüber betreibt Inhaber Khudor Lamaa außerdem das BeirutBeirut – der Imbiss bietet köstliche Falafel.

WO? Valleystr. 19
www.manouchemanouche.de

Imbiss

Aufgerüttelt durch Fleischskandale begann Erbil Günar so lange zu experimentieren, bis es ihm gelang, aus Seitan einen Dönerspieß zu formen; er gilt als der Erfinder des veganen Döners. Seit Kurzem ist sein Lokal in der Nähe des Ostbahnhofs zu finden: In **ERBILS RESTAURANT** isst man die vegane Variante verschiedener türkischer Klassiker vegan umgesetzt. Die Einrichtung ist schlicht, es schmeckt hervorragend, die Stammkunden wählen jedes Mal eine andere hausgemachte Sauce zu ihren Seitan-Gerichten, ob Döner, Lahmacun oder Börek.

WO? Breisacher Str. 13
www.erbils.de

In **WOLF'S BROTZEITLADEN** ist jeder Quadratmeter optimal ausgenutzt. An den zwei Stehtischen wird jeden Tag ein warmes Mittagsgericht serviert. Den Kern des Imbisses bildet aber die Theke mit der großen Auswahl an belegten Semmeln; klassische Brotzeit also, es gibt auch Salate und als Hauskreation die mit Leberkäse belegte Breze. Hier kaufen alle, die in den umliegenden Geschäften und Büros arbeiten – der freundliche Service ist schnell, die Wartezeiten daher überschaubar.

WO? Altheimer Eck 1
www.wolfs-brotzeitladen.de

Wenn **BROT & ZEIT – DIE SANDWICHMACHEREI** um 13 Uhr wieder schließt, ist eigentlich immer alles weg: Die Münchner, die in den umliegenden Büros oder im Klinikviertel arbeiten, holen sich oft schon morgens hier ihr Mittagessen, um ja nicht vor einer leeren Theke zu stehen. Nirgends sonst findet man so kreativ und schmackhaft belegte Sandwiches wie in dem kleinen Laden mit der blauen Markise in der Goethestraße. Im Angebot sind außerdem ungewöhnliche Salate, einige warme Gerichte und Süßspeisen.

WO? Goethestraße 36

Ob Lauginger (Schweinebauch) oder Ox-Grill-Sandwich – **RINGLERS GRILL** hat eigene Sandwiches kreiert, die es so nur dort gibt. Auch vegetarische Optionen finden sich im Angebot, wie die Semmel mit gegrillter Zucchini und Ziegenkäse. Hinzu kommen wechselnde Mittagsgerichte und Süßspeisen. Die Zutaten stam-

In Wolf's Brotzeitladen.

men von regionalen Familienbetrieben. Im Laden gibt es einige wenige Stehplätze, hinter der Theke arbeitet die Kochmannschaft und an der Wand befindet sich ein riesiges Regal mit Saucen und Marmeladen. Mit dem Ox Grill betreiben die Inhaber auch einen Foodtruck, der hier und da in der Stadt auftaucht.

wo? Sendlinger Straße 45
www.ringlers.net

Kantinen

Einmalig ist der Blick auf Münchens bekanntesten Stadtbach, der vom **CASINO AM EISBACH** aus genossen werden kann: Ehe der Eisbach die Prinzregentenstraße unterquert und zur Surfer-Welle wird, rauscht er an den Bullaugen der Kantine vorbei, die sich im Keller des Wacker-Hauses befindet. Im Sommer auch mit Terrassenplätzen. Es gibt meist drei Gerichte sowie Salate. Werktags von 8 bis 15 Uhr geöffnet, warme Speisen gibt es von 11.30 bis 14.30 Uhr.

WO? Prinzregentenstraße 22
www.eisbach-catering.de

Die Kantine im **BAYERISCHEN STAATSMINISTERIUM FÜR ERNÄHRUNG, LANDWIRTSCHAFT UND FORSTEN** ist von 12 bis 14 Uhr auch für externe Gäste geöffnet. Der Pächter achtet auf regionale Herkunft und Bioanbau der Zutaten. Die hellen Räume öffnen sich nach Osten in Richtung Finanzgarten, im Sommer kann auch auf der Terrasse Platz genommen werden. Ideal, um in der Innenstadt eine vollwertige, bezahlbare Mahlzeit zu sich zu nehmen.

WO? Ludwigstraße 2
www.stmelf.bayern.de/service/011642

Der Zugang zum **JUSTIZPALAST** wird zwar bewacht, ist aber jedermann erlaubt. Die Kantine zeichnet sich durch ihre Ausstattung mit Spiegel und Kronleuchter aus. Es gibt unterschiedliche Tagesgerichte, die mittags auch rasch ausverkauft sein können. Von Montag bis Freitag von 11 bis 13.30 Uhr geöffnet. Sehenswert ist der Justizpalast generell: Den neobarocken Monumentalbau von Friedrich von Thiersch krönt eine Glas-Eisen-Kuppel über der Zentralhalle. Und: Saal 253 erinnert an die Schauprozesse gegen die Widerstandsgruppe Weiße Rose.

WO? Prielmayerstraße 7

Die »**AUTOBAHN**«, die Kantine der Autobahndirektion Südbayern, hat gerade mal etwa 70 Plätze und ist eher nüchtern eingerichtet. Es gibt Frühstück von 7.30 bis 10 Uhr; der Mittagstisch beginnt um 11 Uhr und endet bereits um 13 Uhr. Die Gerichte wechseln täglich, dabei ist stets auch eine vegetarische Option. Alle Zutaten, auch die Soßen, sind hausgemacht. Gäste sind willkommen, einfach nach der Pforte der Direktion links halten.

WO? Seidlstraße 7–11

Mittags auf dem Markt

Münchens Märkte bieten viele Gelegenheiten, seine Mittagspause mal anders zu verbringen. Am Viktualienmarkt kommt dafür der **KLEINE OCHS'NBRATER** infrage: ein guter »Aussichtspunkt«, um das Treiben auf dem Markt zu beobachten und dabei eine eher deftige Mahlzeit zu sich zu nehmen. Hier gibt es (fast) nur Fleisch, der größte Teil des Angebots ist in Bioqualität – übrigens auch das frisch vom Fass gezapfte naturtrübe Landshuter Brauhaus-Bier.

WO? Viktualienmarkt 11
www.kleinerochsnbrater.de

Eine der Besonderheiten des niedlichen Marktes in Haidhausen ist das **FISCH HÄUSL**. Zur Mittagszeit bildet sich gern eine kleine Schlange, denn neben frischem Fisch und Meeresfrüchten gibt es im FischHäusl auch einen Imbiss. Legendär ist die Fischsuppe, auf Wunsch mit Algen-Topping. Aber auch eine der Fischsemmeln, ist nicht zu verachten. Wem es am Platz zu turbulent ist, der geht damit einfach in die nahegelegenen Maximiliansanlagen.

WO? Markt am Wiener Platz,
Innere Wiener Straße 19

Gerichte mit frischen Nudeln, sardische Wurst- und Käsespezialitäten und Sandwiches italienischer Art: In der **CASA SARDA** ist Sardinien zu Hause. Sehr beliebt bei den Schülern der gegenüberliegenden Schulen sowie bei allen Schwabingern, Italien-Fernweh-Geplagten und denen, die sich schlichtes, qualitativ hochwertiges Essen wünschen. Wer im Sommer einen Platz vor der Tür ergattert, der erfährt das Münchner Italien, von dem man so viel hört, am eigenen Leib.

WO? Elisabethmarkt,
Elisabethplatz 1

Einige Tagesgerichte, Kuchen oder Salat im Glas: Bei **BANANDI'S DELI** ist für jedermanns Pause etwas dabei; und es gibt auch einige wenige Sitzgelegenheiten. Für Gourmets bietet der Laden zudem eine schöne Auswahl an Delikatessen an. Der Pasinger Viktualienmarkt ist kleiner als der in der Münchner Innenstadt – dafür charmanter und noch etwas bodenständiger.

WO? Pasinger Viktualienmarkt, Bäckerstraße 7
www.banandis-deli.de

Italienische Eisdielen

In München gibt es inzwischen viele großartige Eis-Manufakturen, die höchste Qualität und besondere Sorten anbieten. Aber die italienischen Eisdielen haben seit den 1960er-Jahren unser Bild von Italien und seinem Gelato geprägt: Die Kellner tragen eine schwarze Weste, irgendwo findet sich ein Stadtpanorama an die Wand gemalt und außerdem hat der Kindertraum Spaghettieis einen festen Platz auf der Karte (übrigens wurde es in einer italienischen Eisdiele in Mannheim kreiert und hat seinen Weg zwar an den Gardasee gefunden, ist aber ansonsten in Italien nicht bekannt).

Das Eiscafé **VENEZIA** am **KURFÜRSTENPLATZ** ist eine solche Institution mit bauchiger Eistheke, roten Sesseln und natürlich einem gemalten Kanal-Panorama an der Wand. Ob auf einen Espresso oder einen klassischen Eisbecher, von früh bis spät treffen sich hier die Schwabinger auf einen Ratsch oder verschnaufen von der Hektik der Hohenzollernstraße.

WO? Kurfürstenplatz 8

Das **VENEZIA** in **NEUHAUSEN** erinnert von innen an eine italienische Bar. Außerdem verfügt es über einen großzügigen Außenbereich, der durch einige Bäume etwas vom Rotkreuzplatz abgeschirmt wird. Bereits 1950 zog die Eisdiele in den Neubau ein – einst hatte hier ein Jagdschloss gestanden. Einen Sitzplatz bekommt man nur, wenn man einen Eisbecher bestellt. Aber dem sollte nichts im Weg stehen, denn Spaghettieis gibt es hier natürlich auch.

WO? Rotkreuzplatz 8
www.eiscafe-venezia-muenchen.de

Im **VENEZIA** am **PARISER PLATZ** sitzt man sehr schön unter blauen Schirmen; im Innenbereich dominieren samtig bezogene, rote Stühle und mehrere Fernseher. Auch hier ist die Bestellung eines Eisbechers oder Getränks obligatorisch, um einen Sitzplatz zu bekommen. Wer noch ein Venezia sucht – am Stachus, an der Rückseite des Hotels Königshof, findet sich noch ein Eiscafé dieses Namens. Es handelt sich übrigens nicht um Filialen einer Kette, sondern um jeweils eigenständige Betriebe, die den schönen Namen Venezia gewählt haben.

WO? Pariser Platz 29

Das **FLORENZ** prägt schon seit Jahrzehnten den Eisgenuss im Westend und bietet gleich zwölf verschiedene Sorten Spaghettieis – von Spaghetti Spezial bis Spaghetti Müsli. Seine Inneneinrichtung ist auf spezielle Art extravagant mit ihren vielen Farben und den transparenten Stühlen. Geschmack und Qualität des Eises, die Sortenvielfalt und der Service überzeugen auch. Am schönsten sitzt es sich draußen unter der gelben Markise, über der der auffällig schöne Florenz-Schriftzug schon von Weitem neue Gäste anlockt. Eine zweite Filiale befindet sich in der Implerstraße 88.

wo? Tulbeckstraße 52
www.eiscafeflorenz.com

Münchner Eisträume.

Kiez-Konditoreien

Wunderschöne 50er-Jahre-Kulisse, köstliche Kuchen und Mittagstisch bietet der **STENZ** in seiner Dependance in der Waldfriedhofstraße. Über Jahrzehnte war hier eine Konditorei zu Hause, in der Hand der Familie Kubitscheck. Die übergaben 2003 an einen gewissen Armin Stegbauer, der sich inzwischen mit seinem Neuen Kubitscheck im Westend einen Platz am Münchner Kuchenhimmel erbacken hat. Und Stegbauer wiederum übergab an die Macher vom Stenz (weiterhin auch in der Lindwurmstraße 122).

WO? Waldfriedhofstraße 105

Treffpunkt für den Glockenbach-Kiez. Das Besondere – die Öffnungszeiten: An wirklich jedem Tag im Jahr ist von 8 bis 20 Uhr geöffnet. Und es wird Genuss für den Gaumen geboten: Für die Croissants wird nur nach französischem Reinheitsgebot hergestellter Teig verwendet, sagt das Team. Es gibt hausgemachte Kuchen und besondere Frühstücksangebote, außerdem kleine Snacks zur Mittagszeit – das putzige **ALOF** verbindet Bäckerei, Konditorei und Café in einem heimeligen Wohlfühlort. Man kann draußen an der Hans-Sachs-Straße sitzen oder gemütlich drinnen.

WO? Hans-Sachs-Straße 12

Neben der Auswahl an selbstgebackenen Kuchen gibt es Wein, feine Pralinen und Schokolade sowie mittags ein Gericht. Sehr gemütlich im Innenbereich; die Einrichtung französisch Vintage. Die Milch zum Cappuccino gibt es auch laktosefrei oder in der Variante Soja. Sitzt man draußen, hat man einen guten Ausblick auf die umliegenden kleinen Geschäfte der Herzogstraße, da sich **DIE KUCHENWERKSTATT** so schön an die Ecke Apianstraße schmiegt.

WO? Herzogstraße 84
www.diekuchenwerkstatt.de

Im Alof.

Bei **LEHMANN** gibt es gehobene Patisserie – Kuchen-kunstwerke und Köstlichkeiten! Achtung: Auch un-ter der Woche kann schon am frühen Nachmittag alles ausverkauft sein. Außerdem bietet die gläserne Backstube die Möglichkeit, von der Straße aus zu-zuschauen, wie die individuellen Torten, Törtchen, Pralinen, Macarons und das Eis hergestellt werden. Hier kann man Schauen, Staunen und dann Mitneh-men. Es gibt einige wenige Sitzplätze direkt vor dem Laden, der zugleich ein kleines, feines Mittagsange-bot hat.

wo? Pilgersheimer Straße 48
www.lehmann-patisserie.de

Die Kuchenwerkstatt.

ESSEN

Bayerische Wirtshauskultur

Das kleine **WIRTSHAUS ZUR SCHWALBE** befindet sich im Westend hinter der Augustiner Brauerei. Im kleinen, urigen Schankraum bietet Karl Ederer »Heimat Food« an und hat die Rubrik »Vorsicht Innereien« auf seiner Speisekarte. Die Gerichte wechseln, die Tagesgerichte sowieso, und zwischen Reh, Rind oder Taube gibt es eben auch Innereien wie Kutteln oder Ochsenschwanz. Anspruchsvolle Küche in althergebrachtem Ambiente. Wir bekamen zwar einmal Schweinskopf statt Kalbskopf serviert, aber das macht gar nichts, denn der spröde Charme des Wirts und seiner Mitarbeiterinnen schwebt eh über allem. Im Sommer öffnet die Schwalbe um 15 Uhr auch ihren kleinen Wirtsgarten im Hinterhof.

WO? Schwanthalerstraße 149
www.heimat-food.com

In einer winzigen Gasse mitten in der Innenstadt versteckt sich das **DÜRNBRÄU** – eines der ältesten Wirtshäuser der Stadt, in dem ehemals auch eine Mälzerei untergebracht war. Das Gebäude ist eines der wenigen in der Altstadt, die den Zweiten Weltkrieg unversehrt überstanden haben. Die Karte verspricht klassisch-traditionelle Münchner Küche. Die beiden Außenbereiche – einer davon im Innenhof – sind gute Ruheorte im Getümmel der Stadt. Täglich, bis auf den 25. Dezember, geöffnet.

WO? Dürnbräugasse 2
www.zumduernbraeu.de

Einst ein Ausflugslokal im Vorort – das Weiße Bräuhaus an der Würmtalstraße – ist der **HADERNER AUGUSTINER** erst seit 2013 eine Wirtschaft im Besitz der Brauerei. Das sieht man dem Haus nicht an, und die Speisekarte zeugt von solider bayerischer Qualität. Bei den Nachspeisen ja nicht die Dampfnudel verpassen! Und im Sommer lockt der Wirtsgarten unter alten Kastanienbäumen.

WO? Würmtalstraße 113
www.haderner-augustiner.de

Im Dürnbräu.

Das Aufsehen war groß, als **BAZI'S SCHLEMMERKUCHERL** aufmachte; verkauft wurden Schweinebraten, Knödel, Blaukraut und Soße to go! In einer Pappschachtel mit Plastikgabel! Als dann klar wurde, dass Kruste, Knödel und Kraut richtig gut schmecken, war der Imbiss etabliert. Probiert werden sollte auch der Bayrito, ein bayerisch gefüllter Burrito, und andere regionale Klassiker als Fast Food.

Wirtshaus Zur Schwalbe.

WO? Müllerstraße 43

ESSEN

Authentisch asiatisch

Am Anfang der Schwanthalerstraße (wenn man von der Sonnenstraße kommt, auf der rechten Seite) befindet sich ein kleiner unscheinbarer Eingang, von dem eine Treppe in den Keller und zu **RATCHADA THAI BAR & RESTAURANT** führt. Jeder, der schon einmal in Thailand war, glaubt beim Betreten des Raumes, sich in einem Restaurant in Bangkok zu befinden: so authentisch die Gestaltung der Einrichtung (Kitsch und König), so authentisch das Personal (freundlich) und das Essen (frisch, ausgefallen und scharf). Ab circa 23 Uhr wird gesungen, Textvorlagen für das Karaoke liegen bereits parat. Dort kann man einen wunderbaren Abend verbringen – und es wird spät werden! Das Ratchada hat bis 4 Uhr morgens geöffnet.

WO? Schwanthalerstraße 8
www.ratchada.de

In sehr zentraler Lage, doch etwas versteckt in einer Passage, befindet sich das **TAKLAMAKAN**, eine Mischung aus Restaurant und Imbiss. Die Öffnungszeiten variieren, denn es werden zwei unterschiedliche Küchen angeboten: Türkische Gerichte gibt es von 10.00 bis 4.00 Uhr, uigurische Gerichte nur von 11.30 bis 21.30 Uhr.
   Die Uiguren sind eine turksprachige Volksgruppe, die zu großen Teilen im heutigen China sowie in Ländern der ehemaligen Sowjetunion lebt. München ist das Zentrum der in Deutschland lebenden Uiguren. Spezialität der uigurischen Küche sind per Hand gezogene lange Nudeln – Lagman oder Laiman – die fantastisch schmecken. Während des Essens lohnt es sich, einen Blick hinter die Theke zu werfen: Man kann zuschauen, wie aus einem Teigstück die Nudeln gezogen werden und wie die Köchin die Nudelschlaufen zwischen ihren Armen schwingt. Große Auswahl an weiteren typischen Gerichten, wie etwa Taklamakan Banxier (gebratene Teigtaschen gefüllt mit Lammfleisch und Zwiebeln).

WO? Bayerstraße 27
www.taklamakan-restaurant.de

Izakaya – »Sakeladen zum Sitzen« – ist die japanische Form der Kneipe. Die **IZAKAYA J-BAR** unweit vom Goetheplatz hat nur wenige Tische sowie ein paar weitere Plätze am Tresen. Zu Sapporo-Bier vom Fass oder Sake gibt es eine kleine Auswahl hochqualitativen japanischen Essens, wie Shabu-Shabu, eine Art Brühfondue, oder klassische japanische Eintöpfe. Und, natürlich, kein Su-

Restaurant und Imbiss – das Taklamakan.

shi! Authentisches, japanisches Kneipengefühl also – und für Exil-Japaner die Möglichkeit, echte Hausmannskost zu genießen.

WO? Maistraße 28
www.j-bar.jimdo.com

Das wohl älteste Thairestaurant Münchens findet sich an einer unscheinbaren Ecke. Die eher rustikale Einrichtung des **RÜEN THONG** sorgt anfangs für ein Schmunzeln, schafft aber ein großartiges Ambiente – und in der Küche wird köstliches Essen zubereitet. Hier wird, was Aromen und Schärfe betrifft, ziemlich authentisch gekocht – das Personal fragt daher beim Gast genau ab, wie scharf es denn wirklich sein darf. Auf die Authentizität weisen auch die thailändischen Reisegruppen hin, die hier oft am frühen Abend Station machen. Nur Barzahlung!

WO? Thorwaldsenstraße 19
www.ruenthong.de

Bella Italia

In der kleinen Tagesbar **TRINACRIA FEINKOST – DER SIZILIANER** findet alles in einem Raum statt: eine Bar, eine offene Küche, ein paar kleine Tische – fertig ist Sizilien in Haidhausen. Täglich wechselnd gibt es einige wenige Mittagsgerichte – immer dabei: hausgemachte Pasta und typisch sizilianische Kost wie frittierte Reiskugeln (die der Urlauber von italienischen Fähren kennt) oder Pizza mit dickem Teig vom Blech. Dazu kommen Süßspeisen und perfekter Espresso. Wer hier einen Platz ergattert (im Sommer stehen einige Tische vor dem Lokal), den erwartet das Glück. Achtung: Um 16 Uhr schließt Trinacria schon wieder und auch am Wochenende ist es nicht geöffnet.

WO? Balanstraße 25
www.dersizilianer.com

Das **GRANO** versteckt sich in einer kleinen Straße vom Rosental zum Sebastiansplatz, der Nieserstraße. Schon der Perlenvorhang am Eingang macht neugierig: In der Tat verbirgt sich hier eine stilvoll eingerichtete Mischung aus Bar und Esslokal, konsequent im italienischen Retroflair eingerichtet. Hier gibt es eine der feinsten Pizzen der ganzen Stadt – kross und hauchdünn gebacken; außerdem wird ein Nudelgericht des Tages gekocht. Die Pizzeria platzt zu Stoßzeiten schon mal aus allen Nähten – aber das Warten auf einen freien Tisch lohnt sich in jedem Fall.

WO? Sebastiansplatz 3

Wenn dem alten Münchner die Vorräte vom letzten Toskana-Urlaub ausgegangen sind, weiß er, wo er hin muss: Natürlich zu **FEINKOST SPINA**. Der Großmarkt beliefert die Gastronomie und Feinkostgeschäfte, seine Halle ist frei von Chichi und gefüllt mit italienischen Delikatessen aller Art. Hier darf jedermann einkaufen, daher bilden sich vor allem an den Frischtheken samstags gerne lange Schlangen. Also: Früh aufstehen! Und an der Bar frühstücken. Die ist gleich am Eingang und legendär.

WO? Maria-Probst-Str. 49
www.spina.de

Im Trinacria.

Obwohl sie so zentral liegt, ist **LA FIORENTINA** doch leicht zu übersehen. Die Trattoria ist deswegen so zu empfehlen, weil sie eine seltene Authentizität verbreitet: kein Kellner, der mit übergroßen Pfeffermühlen hantiert, kein Chi-chi und Gedöns. Italienische Hausmannskost und Pizza, beides kommt mit viel Kochkunst auf den Tisch. Im Sommer mischt sich auf der Terrasse die Geräuschkulisse der Goethestraße mit Bella Italia auf dem Teller – und ein schöner Abend kann beginnen.

WO? Goethestraße 41

Seltene Speisekarten

Das **IVERIA** bietet authentische georgische Küche in guter Qualität: Hier gibt es zum Beispiel als Vorspeise Chatschapuri Adsharuli, eine Art gefülltes Brot mit Ei und Käse; bei den Hauptspeisen sind mehrere Lamm-Gerichte, wie das Tschalagatschi (Lamm-Rücken vom Grill), dabei, außerdem Kurzgebratenes, Eintöpfe und vieles mehr. Eine weitere Spezialität sind die Teigtaschen Chinkali, die entfernt an asiatische Maultaschen erinnern. Die Weinkarte beschränkt sich auf georgische Flaschen wie etwa Rkaziteli. Die Einrichtung ist eher schlicht und wird von roten und dunklen Tönen dominiert.

WO? Lindwurmstraße 159 a
www.iveria-muenchen.de

Inmitten einer zum Teil achtgeschossigen Wohnanlage aus den späten 1960er-Jahren versteckt sich in einem flachen Bau das **CHAMPOR**. Als es 2004 eröffnet wurde, war es das erste malaiische Restaurant in Deutschland. Der Weg nach Denning lohnt sich für jeden, der authentische Küche sucht; Parkplätze sind kein Problem. Ob knusprig gebratenes Geflügel, Rinderfilet aus dem Tontopf oder scharf gekochter Fisch – die Gerichte sind eine Überraschung, die Qualität überzeugt und die Mitarbeiter geben ihr Bestes. Im Sommer wird der Innenhof durch viele Sonnenschirme zur lauschigen Oase.

WO? Warthestraße 5
www.champor.de

JONES – K'S ORIGINAL AMERICAN DINER besticht allein schon durch die Einrichtung: stilechte Bänke, Tische und Stühle in rot und weiß; der schwarz-weiß gekachelte Fußboden sowie die originalgetreue Deko versetzen den Besucher sofort in die USA der 1950er-Jahre (oder doch eher in Serien wie »Twin Peaks«). Ob BLT-Sandwich, Caesar-Salad oder Pancakes – viele Klassiker finden sich hier auf der Karte. Und natürlich gibt es auch diverse Burger. Beilagen wie Coleslaw oder Pommes aus Süßkartoffeln kommen hinzu; die Softdrinks und den Kaffee gibt es auch mit Refill-Option.

WO? Karlstraße 56
www.jones-diner.com

Authentisches American Diner.

Krokodil und Zebra? Zahlreiche Gäste gehen auch deswegen ins **SAVANNA**, Münchens einziges südafrikanisches Restaurant, um für hiesige Zungen exotisch anmutende Fleischsorten zu probieren. Aber auch Rind aus Namibia oder Kinklip, ein in Südafrika sehr beliebter Meeresfisch, sind im Angebot. Gegrilltes steht klar im Vordergrund; der Auswahl an Weinen vom Kap wird man am besten mit Empfehlungen vom Service Herr. Die Einrichtung ist bunt, folkloristisch und gemütlich.

WO? Maistraße 63
www.savanna-munich.com

Gemütlich

In Denning steht das kompakte **WIRTSHAUS ZUR MARIENBURG** inmitten einer Wohnsiedlung. Der holzgetäfelte Wirtsraum mit seinen spitz zulaufenden Fenstern ist auch deswegen so gemütlich, weil an kalten Tagen ein offenes Feuer im Kamin brennt! Wer sich dann in die Marienburg verkrümelt und sich an der klassisch-deutschen beziehungsweise bayerischen Küche labt, der lässt das Wetter Wetter sein. Besser reservieren, dann war die Anfahrt nicht vergebens!

WO? Hohensalzaer Straße 1
www.wirtshauszurmarienburg.de

Durch die Stahltür, dann mit dem Aufzug nach oben: Die Bar des **FLUSHING MEADOWS HOTELS** ist für jedermann geöffnet und eine der bei Münchnern so beliebten Roof-Top-Bars. Der große Raum öffnet sich linkerhand und löst durch seine Farbgestaltung und die Auswahl der Möblierung ein behagliches Gefühl aus – dazu trägt auch der Ofen mit großem Sichtfenster bei. Hier findet jeder sein gemütliches Plätzchen, ob an der etwas abgesenkten Bar oder auf einer der beiden Terrassen, ob auf einen Drink am Abend oder früh am Morgen zum Frühstück.

WO? Fraunhoferstraße 32
www.flushingmeadowshotel.com

Der **KLINGLWIRT** ist die gemütliche Nachhaltigkeitsbastion in Haidhausen. Aber vor allem ist er ein Wirtshaus, dessen hohe Räume, rot angestrichene, hölzerne Wandvertäfelung und klassische Möblierung diese Mischung aus urig und heimelig verströmen, die man einfach manchmal braucht. Die Tageskarte lockt mit modernisierten Klassikern, aber insbesondere die Standards, wie Spinatspätzle, bieten das bayerische Soulfood, das eine gute Wirtschaft auszeichnet. Darauf ein Bio-Helles aus der Flasche mit Bügelverschluss!

WO? Balanstraße 16
www.klinglwirt.de

Der / die / das **BUTTER** in Neuhausen ist die männlich anmutende Antwort aufs Café Lotti. Täglich gibt es ein Mittagsgericht und eine Suppe, hervorragenden Kaffee schon in der Früh sowie Sandwiches und Kuchen. Die Betreiber mischen Berlins schnoddrigen Charme mit Münchner Grant, zum Schluss fühlen sich

alle wohl, egal, woher sie kommen. Und wenn es kalt ist, bollert der kleine Holzofen – dann kann man hier wunderbar die Unbilden des Wetters oder gleich des ganzen Tages vergessen. Sonntags geschlossen.

wo? Blutenburgstraße 90
www.alles-butter.de

Freizeit

In München ist immer irgendetwas los. Das macht die Stadt so
(er-)lebenswert. Großveranstaltungen gibt es das ganze Jahr über
– vom Weihnachtsmarkt bis zum Sommerevent. Aber München
bietet noch mehr: schöne Möglichkeiten, einen besonderen Tag
zu verbringen, mit anderen zu feiern, es sich selbst gut gehen zu
lassen, oder auf dem Fahrrad die Stadt zu erkunden. Die Doppel-
deckerbusse für die Stadtrundfahrten sind bei den Einheimischen
übrigens ganz und gar nicht beliebt; da gibt es viel bessere Optionen.

Auch ein bißchen Sport muss sein, damit es sich schöner liegt
auf der Wiese im Englischen Garten, so haben selbst Nischen-
sportarten hier ihre Anhänger. Für eine überraschend große Zahl
an Menschen dieser Stadt ist es außerdem das Höchste der Ge-
fühle, an etwas herumzuschrauben, selbst zu gestalten oder gemeinsam mit anderen an einem Projekt zu arbeiten. Trifft man
auf Gleichgesinnte, gilt oft: Zuschauen oder Mitmachen ist nicht
nur geduldet, sondern sogar sehr erwünscht.

Auf Flohmärkte geht der Münchner sowieso gern – für die einen ist es allerdings lustiger Zeitvertreib, für die anderen eine not-
wendige Einkommensquelle; jede Woche gibt es große und kleine
Ansammlungen von Ständen in der Stadt zu durchstöbern.

Sport

34 Meter lang ist die vierspurige **CARRERA-BAHN** des Hot Slot Munich Clubs. In einem Kellerraum fahren erwachsene Männer dank hochpräzisem Zeitmess-System mit ihren kleinen Autos um die Club-Meisterschaften – etwa um den 1. Platz der »gestellten Klasse«, bei dem jeder Fahrer mit den gleichen Autos fährt, womit eine gewisse Chancengleichheit auch für Anfänger gegeben ist, zumindest was das Material betrifft. Gefahren wird meist donnerstags; die Mitglieder nehmen auch an überregionalen Meisterschaften teil.

WO? Hot Slot Munich
Tagetesstraße 2
www.hotslot-munich.de

Die **OLYMPIA-SCHIESSANLAGE HOCHBRÜCK** wurde 1972 auf einem ehemaligen Militärgelände errichtet – kurz hinter der Münchner Stadtgrenze. Nach der Olympiade übernahm der Bayerische Sportschützenverband das Gelände – nach dessen Darstellung gilt die Anlage heute in »Fachkreisen als die größte und modernste zivile Schießsportanlage weltweit«. Hier haben auch Laien die Möglichkeit, an der Wurfscheibenanlage zu schießen, ob in Anfängerkursen oder bei – Zitat – »Individuelle(n) Gruppenarrangements, z. B. Firmenevents«.

WO? Ingolstädter Landstraße 110
85748 Garching-Hochbrück
www.bsbb.de, Stichwort: Wurfscheibenanlage

Mixed-Martial-Arts-Kämpfe, also Vollkontakt-Kampfsport mit wenigen Regeln, finden auch in München statt. Aggrelin veranstaltete 2009 den ersten **MMA-KAMPFABEND** in München und gilt als der bayerische Pionier. Unter dem Motto »Cage Fight Bavaria« finden seither in bayerischen Städten Kampfsport-Events statt: Ein käfigartiger Ring bildet das Zentrum, die Zuschauer sind dicht dran, die Stimmung stark aufgeladen. Natürlich gibt es auch andere Veranstalter, die Kämpfe in München organisieren, wie zum Beispiel We Love MMA.

WO? www.aggrelin.com, www.welovemma.de

Im Keller einer ehemaligen Druckerei versteckt sich mitten in der Maxvorstadt das **BOXWERK**, ein Boxclub im amerikanischen Retro-Look: Style meets Boxen.

Ring frei.

Keine wüste Trainingshalle also, ideal auch für Anfänger und Gelegenheitssportler, selbstverständlich auch für Frauen. Das Training ist umfassend und schweißtreibend. Der Gründer Nick Trachte erfüllte sich hier einen lang gehegten Traum; das Boxwerk glänzt neben dem Standardprogramm auch mit seinem Amateur-Boxverein und bietet sogar Raum für künstlerische Events wie Lesungen. Zweimal die Woche findet nachmittags auch Kinderboxen statt.

wo? Schwindstraße 5, Rückgebäude
www.boxwerk.org

Rad

Für manche ist das Pakka das einzig wahre Münchner Fahrrad. Aus Sendling kommen die klassischen, schlichten – und vor allem stabilen und zuverlässigen Fahrräder; Pakka-Räder verliert man eher dadurch, dass sie geklaut werden, als dass sie kaputtgehen. Da **PAKKA BIKESPORT** Händler und Hersteller in einem ist, ist das Preis-Leistungsverhältnis besonders gut, und in der hauseigenen Werkstatt werden Pakka-Räder, sollte doch mal was sein, meist binnen weniger Stunden repariert oder gewartet. Für Eltern: Pakka produziert auch Kinderräder, ein Modell wiegt weniger als neun Kilogramm.

WO? Daiserstraße 11
www.pakka.de

Die mobile Fahrrad-Werkstatt von Markus Mössler steckt in einem weißen Kastenwagen. Damit macht er Hausbesuche, die man mit ihm telefonisch vereinbart; außerdem hat er mehrere feste Standorte: am Mittwoch in der Ligsalzstraße 28 und am Freitag in der Hans-Mielich-Straße 3 (jeweils 9 bis 18.30 Uhr). Das macht **DER RADLRICHTER** schon seit vielen Jahren so; und in seinen Straßen gehört er daher zum festen Inventar, als Mensch wie als Zweiradmechaniker. Neben dem Wagen ist eine weiße Fahne mit seinem Logo sein Erkennungszeichen.

WO? Ligsalzstraße 28, Hans-Mielich-Straße 3
www.mobiwalk.de/radlrichter

Radfahren soll für alle möglich sein. Das ist einer der Grundsätze der **BIKE-KITCHEN**, die Fahrradreparatur mit sozialen und politischen Aspekten verbindet. Der gemeinnützige Verein bringt Gleichgesinnte zusammen, die an ihren Rädern herumschrauben, sich gegenseitig Tipps geben und Unterstützung leisten. Jeden zweiten Donnerstag im Monat ist die Bikekitchen derzeit noch in beziehungsweise vor der WerkBox3 auf dem Kultfabrik-Gelände am Werkeln. Außerdem werden immer wieder Kurse zu spezielleren Themen rund ums Fahrrad gegeben.

WO? Grafinger Straße 6 (Kultfabrik)
www.bikekitchen.de

Accessoires von Pulpo.

Fahrradladen und Reparaturwerkstatt in einem: Der **DYNAMO FAHRRADSERVICE BISS E.V.** hat es sich zur Aufgabe gemacht, benachteiligte oder in die Arbeitslosigkeit geratene Menschen beruflich und sozial zu integrieren. Den Betrieb gibt es bereits seit 1986; er arbeitet eng mit dem BISS-Verein zusammen, der in sozialer Not befindliche Menschen unterstützt.

Vor allem aber werden hier kompetent alle Fahrräder repariert, egal, wo sie gekauft wurden; im Laden gibt es außerdem eine gute Auswahl an überholten Gebrauchträdern und diversen Accessoires von **PULPO**; dieses Münchner Gemeinschaftsprojekt fertigt aus abgefahrenen Fahrradschläuchen und -mänteln Geldbeutel, Etuis und vieles andere mehr. Pulpo entstand aus der Zusammenarbeit von drei sozialen Betrieben: Netzwerk Geburt und Familie, BISS und Dynamo. Und Künstlerin Naomi Lawrence hat hier ihre Finger im Spiel.

WO? Haager Straße 11
www.dynamo-muenchen.de

Der Radlrichter bei der Arbeit.

Rundfahrten

Immer an einem Samstagabend im Juli ist plötzlich alles anders in München: Viele große Straßen sind stundenlang gesperrt, in der Innenstadt geht nichts mehr mit dem Auto und manche Straßenabschnitte sind sogar für Fußgänger nicht passierbar. Dann weiß man, dass die **RADLNACHT** begonnen hat. Die Rundfahrt startet an einem zentralen Platz in der Innenstadt, zum Beispiel dem Königsplatz, und führt dann über verschiedene Prachtstraßen durch weite Teile Münchens. Es handelt sich nicht um ein Radrennen, sondern eher um eine sportliche Flanierfahrt, bei der man die Stadt und ihre Gebäude aus ganz neuen Perspektiven zu sehen bekommt – beispielsweise, wenn in der Mitte der Ludwigstraße geradelt wird, dort, wo sonst der Verkehr tobt. Eine gute Gelegenheit, die Stadt gemütlich wieder anders kennenzulernen – auch wenn bei fast zehntausend Teilnehmern einiges los ist.

Neu hinzugekommen ist übrigens die Ringparade – eine Rundfahrt auf dem Mittleren Ring im Herbst.

WO? Königsplatz
www.radlhauptstadt.muenchen.de/
mitradeln/muenchner-radlnacht/

Mehrmals im Jahr, üblicherweise in den Oster- und Pfingstferien, veranstaltet der **BAYERISCHE LOCALBAHN VEREIN E.V.** ab dem Ostbahnhof seine Rundfahrten. Gezogen von der kohlebefeuerten Dampflok 70 083 zuckeln dann sechs historische Waggons sowie die E-Lok 69 05 für etwa zwei Stunden entlang einer Strecke über Giesing, Deisenhofen, die Großhesseloher Brücke, den Münchner Hauptbahnhof und die Braunauer Eisenbahnbrücke zurück zum Ostbahnhof. Auf den Isarbrücken bleibt der Zug extra stehen, damit die Fahrgäste die Blicke ausgiebig genießen können. Die Termine und Abfahrtszeiten finden sich bereits einige Monate vorher auf der Webseite des Vereins, eine Reservierung ist nur für größere Gruppen möglich.

WO? Ostbahnhof, Orleansplatz
www.localbahnverein.de

Natürlich ist es ein absoluter Klassiker, im Sommer die Isar von Wolfratshausen oder sogar von Bad Tölz aus mit dem Boot zu befahren. Diese Touren enden etwa in der Nähe des Tierparks, denn ab der Thalkirchner Brücke darf die Isar in der Innenstadt nicht mit Booten befahren werden. Aber: Ab der Max-Joseph-Brücke (Englischer Garten, Höhe Chinesischer Turm) bis knapp

Bootstour auf der Isar.

oberhalb des Oberföhringer Stauwehrs ist Bootfahren wieder erlaubt! Die **INNENSTADT-BOOTSTOUR** beträgt zwar nur 2,8 Kilometer, führt aber an schön bewachsenem Ufer und einigen markanten Gebäuden Münchens vorbei. Bitte Gefahrenhinweise des Wasserwirtschaftsamts beachten! Zurück zum Ausgangspunkt der Bootstour fährt übrigens der 187er-Bus (Haltestelle Rümelinstraße bis Mauerkircherstraße), und braucht dafür gerade mal acht Minuten.

WO? Max-Joseph-Brücke

Die **METROBUSSE** sind die Münchner Busse mit den zweistelligen Nummern (50 bis 60 sowie 62 und 63), die etwas größere Distanzen in München überwinden. Ideal, um die Stadt zu erkunden! Eine Tour rund um die Stadt geht dann zum Beispiel so: 62er-Bus am Sendlinger Tor Richtung Ostbahnhof besteigen (das Wartehäuschen steht an der Wallstraße). Die Fahrt geht dann über Gärtnerplatz und Regerplatz (Haidhausen). Am Ostbahnhof umsteigen in den 54er-Bus zur Münchner Freiheit – über Bogenhausen und quer durch den Englischen Garten. Ab der Münchner Freiheit den 53er-Bus, quer durch Schwabing und Neuhausen (Rotkreuzplatz, Donnersbergerbrücke), aussteigen im Westend, am Herzog-Ernst-Platz, dort wieder in den 62er-Bus Richtung Ostbahnhof steigen, damit die Rundfahrt am Sendlinger Tor endet. Die Metrobusse fahren tagsüber mindestens im 10-Minuten-Takt. Den übersichtlichsten Plan der Metrobus-Linien findet man tatsächlich auf Wikipedia und leider nicht bei der MVG.

WO? Wallstraße

Besondere Stadtführungen

Der Veranstalter Stattreisen München bietet viele verschiedene Rundgänge zu einem breiten Themenfeld an. Die Führung **MÜNCHEN WIMMELT** zum Beispiel widmet sich Ali Mitgutsch, dem Erfinder der Wimmelbücher, der in der Max-vorstadt geboren und aufgewachsen ist und die meiste Zeit seines Lebens dort verbracht hat. Die Führung startet am Brunnen am Professor-Huber-Platz und führt über mehrere biografische Stationen von Mitgutsch durch das Viertel, mit dem der Autor auch heute stark verbunden ist.

WO? Brunnen am Professor-Huber-Platz (Führungsstart)
www.stattreisen-muenchen.de/rundgaenge/muenchen-wimmelt/detail

BISS kennt in München fast jeder: Das Straßenmagazin wird von bedürftigen oder obdachlosen Menschen an vielen Stellen in der Stadt verkauft und ermög-licht es ihnen so, ein eigenes Einkommen zu verdienen. Neben der Zeitschrift gibt es aber auch noch Stadtführungen, bei denen die BISS-Mitarbeiter Mün-chen aus ihrer Perspektive zeigen. Die Touren führen auch zu mehreren sozialen Einrichtungen. Bei der Führung **WENN ALLE STRICKE REISSEN ...**, die vor dem Amt für Wohnen und Migration startet, wird zum Beispiel ein Obdachlosen-heim des Katholischen Männerfürsorgevereins besucht; Betroffene wie Betreu-er erzählen von ihrem Alltag. Die Touren tragen dazu bei, »Berührungsängste abzubauen und Armut zu entstigmatisieren«.

WO? Amt für Wohnen und Migration, Franziskanerstraße 8 (Führungsstart)
www.biss-magazin.de/projekt/stadtfuehrungen

Der Tour-Vermittler **EAT THE WORLD** bietet Rundgänge in mehreren Münchner Stadtvierteln an, bei denen es sich ums Kulinarische dreht: Sieben unterschied-liche Cafés, Restaurants, Imbisse und Feinkostgeschäfte werden besucht, alle-samt handverlesen. So trifft man Herzblut-Gastronomen und Spezial-Kleinode, bekommt hier und da eine kleine Kostprobe und hat danach das Viertel einmal ganz anders entdeckt. Die Touren starten mehrmals die Woche und müssen vor-ab online gebucht werden. Die Neuhausen-Tour startet am Rotkreuzplatz.

WO? Rotkreuzplatz
www.eat-the-world.com/stadtfuehrung-sightseeing-tour-muenchen.html

Eindrücke sammeln:
HVB Tower am Arabellapark.

Das Bildungswerk Bayern des DGB kombiniert unter dem Titel **DAS ANDERE MÜNCHEN** eine Busrund-
fahrt mit einem Spaziergang. Die Geschichte der
Arbeiterbewegung im 20. Jahrhundert steht im Mittelpunkt: München und die Novemberrevolution
1918, Stätten der Räterepublik 1919 sowie der Auf-
stieg der NSDAP und Orte des Widerstands gegen
die Faschisten sind die zentralen Themen.

WO? Schwanthalerstraße 64 (Führungsstart)
www.bildungswerk-bayern.de

Do it yourself

Ein Verein betreibt die **MACHWERK ATELIERWERKSTATT**, in der man zu bestimmten Zeiten gegen eine Nutzungsgebühr an einem eigenen kreativen Projekt arbeiten kann. Das benötigte Material wird gestellt. Die Künstler müssen also nicht einmal Farben oder Malgründe mitbringen. In den angeschlossenen Werkstätten steht alles für kleinere Bastelarbeiten und Töpferwerk bereit. Und wer sich länger mit seinem Projekt auseinandersetzen will, kann sich tageweise einen Atelierplatz mieten.

WO? Schulstraße 1
www.machwerk-muenchen.de

Das **HAUS DER EIGENARBEIT** ist vermutlich Münchens älteste offene Werkstatt. Bei der Gründung 1987 war der Grundgedanke, dass Menschen ein »Bedürfnis nach selbstbestimmter Arbeit haben«, dabei aber praktische Unterstützung brauchen. Seither hat die Einrichtung sich zu einer Anlaufstelle für alle entwickelt, die etwas herstellen möchten und dafür Werkzeug oder Anleitung benötigen. Ob mit Holz, Keramik oder Metall, ob traditionelle Polsterei oder moderner Schmuck – die Ausstattung der spezialisierten Werkstätten und das jeweilige Kursangebot ist unglaublich vielfältig. Den besten ersten Eindruck gewinnt man durch den Besuch des Werkstattcafés – hier gibt es Snacks, Kaffee und Kuchen.

WO? Wörthstraße 42
www.hei-muenchen.de

3-D-Drucker, Lasercutter, CNC-Fräse, Oszilloskop – wem jetzt das Herz höherschlägt, der sollte unbedingt mal das **FABLAB MÜNCHEN** besuchen. Der Trägerverein hat das Motto »Make – Learn – Share«; hier treffen sich alle, die Lust auf Technik, Tüfteln und Selbermachen haben. Nachdem man einen Einführungskurs absolviert hat, darf man die Werkstätten selbstständig nutzen; darüber hinaus finden Workshops und vieles andere mehr statt, um sich mit Gleichgesinnten zu treffen und auszutauschen. Der Tag der offenen Tür heißt hier Open FabLab und wird regelmäßig veranstaltet. Für Kinder und Jugendliche bietet das Programm FabLab Kids viele unterschiedliche Kurse an.

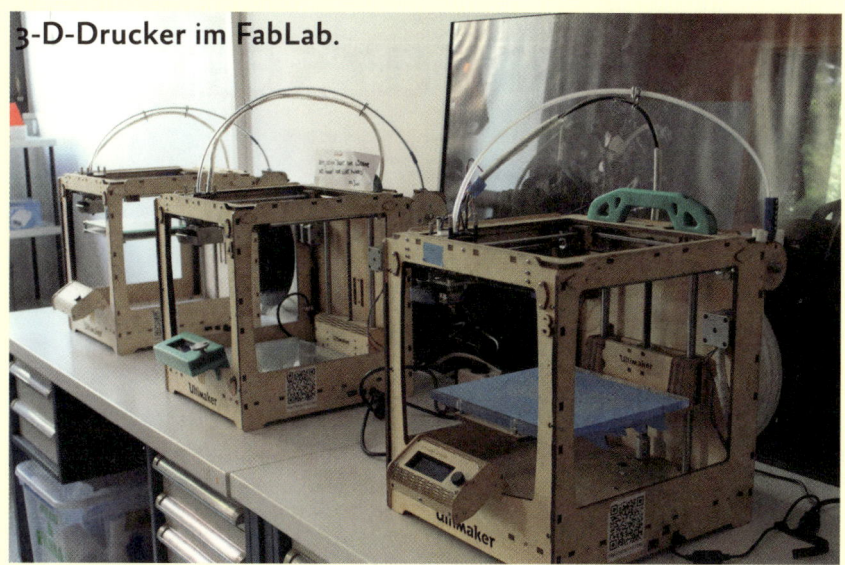

3-D-Drucker im FabLab.

Hingewiesen sei noch auf das Munich Maker Lab und den Chaos Computer Club München – für alle, die sich eine Umgebung wünschen, in der sich technische, basisdemokratische und zum Teil auch politische Interessen mischen.

wo? Gollierstraße 70, Eingang D
www.fablab-muenchen.de

Wer sich fürs Imkern in der Stadt begeistert und über ein eigenes Bienenvölkchen nachdenkt, dem sei ein Kurs bei der **BIOLAND-IMKEREI BERG UND BLÜTE** empfohlen. Die Teilnehmer begleiten die Bienen von Februar bis Juli in einem Seminar, das an sechs Sonntagen stattfindet. Dabei lernen sie alles über naturnahe Bienenhaltung und wissen danach, was ein Stadt-Imker wissen muss.

Einen eintägigen Basiskurs zur besseren Übersicht bietet auch die Demeter-Imkerei Pixis in Laim an (www.imkereipixis.de).

wo? Rambaldistraße 27
www.bergundbluete.de

Papier in seiner schönsten Form

Papier in seiner schönsten Form: Bei **PS: PAPIER** atmet der gesamte Laden die Liebe und Hingabe zum Gestalten und Verschönern. Alles ist sorgfältig ausgewählt und hübsch arrangiert: ob Geschenkpapier, Karten und Briefbögen, Stempel oder Stifte. Wer seinem oder seiner Liebsten einen Gruß schreiben oder Weihnachtsgeschenke stilvoll verpacken will, ist hier richtig. Fürs Leben im Analogen findet jeder das passende Notizbuch.

WO? Kaiserstraße 46

Papier-Enthusiasten lieben **CARTA PURA**: Dort gibt es zum einen ein unglaublich vielseitiges Papiersortiment, von edlen Japan-Papieren über die bunten Carta Varese bis hin zum hauseigenen Briefpapier, und zum anderen wunderschön ausgewählte Schreibwaren. Carta Pura kann man eigentlich kaum beschreiben, weil die Atmosphäre im Laden so einladend und achtsam ist. Zwar ist es wirklich schwer, unter den gesammelten Besonderheiten eine bestimmte herauszuheben, aber hingewiesen sei auf die Kalender, die es mit schönen Motiven bezogen oder zum Selbstgestalten hier im Herbst zu kaufen gibt.

WO? Schellingstraße 71
www.cartapura.de

Die **SILBERFABRIK** bietet in ihren sehr schönen und dank großer Fenster auch sehr hellen Räumen Siebdruckarbeitsplätze sowie verschiedene Workshops an. Ob auf Papier oder Textil: Siebdruck kombiniert Kreativität und manuelle Produktion und schafft so tolle, individuelle Effekte. In den Räumen der Silberfabrik gibt außerdem Designerin Petra Wöhrmann Kurse zum Hand-Lettering – wer wissen möchte, was Spitzfeder, Brush-Pen oder Fineliner für Möglichkeiten eröffnen, ist in der Silberfabrik richtig.

WO? Elsässer Straße 19
www.silberfabrik.com

Blick in PS: Papier.

In der Buchbinderei des Zentralinstituts für Kunstgeschichte finden immer wieder **BUCHBINDEKURSE** unter Anleitung des Institut-Buchbinders statt. Die Kurse können über die Münchner Volkshochschule gebucht werden; die Teilnehmer bringen eigene Bücher mit, die sie dann reparieren und verschönern, es können auch Schachteln oder Mappen gefertigt werden.

WO? Katharina-von-Bora-Straße 10
www.buchbindekurse.de

Einmal im Jahr

Das **OBEN OHNE OPEN AIR** findet jedes Jahr auf dem Königsplatz statt. Es ist eines der größten unkommerziellen Festivals – veranstaltet wird es vom Kreisjugendring. Die Tickets kosten gerade 3 Euro (der Eintritt dient nur dazu, eine Überfüllung zu verhindern); Jugendliche dürfen bereits ab 12 Jahren auch ohne ihre Eltern teilnehmen. Neben den Live-Bands beeindruckt Oben Ohne auch durch das umfangreiche Rahmenprogramm: Viele Initiativen informieren über ihr Engagement, in der »Azubistraße« werben Firmen um Auszubildende.

WO? Königsplatz
www.oben-air.de

Am Gebsattelberg, den 300 Metern, die die Gebsattelstraße von Haidhausen in die Au hinabführt, gibt es einmal im Jahr ein **SEIFENKISTENRENNEN**. Es wird während der Auer Maidult im Frühling veranstaltet, sofern nicht das Wetter oder andere Widrigkeiten im Weg sind. Initiiert wurde es 2004 vom Bezirksausschuss der Au und engagierten Bürgern – in Erinnerung an die Rennen, die nach dem Zweiten Weltkrieg von US-Amerikanern für Münchner Kinder organisiert wurden und damals unglaublich populär waren. Der Spaß steht im Vordergrund, das ganze Viertel ist auf den Beinen. Den Veranstaltern ist Fantasie beim Fahrzeugbau wichtig, es ist nicht erlaubt, auf einem Bobby-Car zu starten.

WO? Gebsattelstraße

Buddhas Geburtstag – ein Tag im Mai (ungefähr am ersten Vollmond des Monats) – wird von Münchens Buddhisten im Ostasien-Ensemble des Westparks festlich begangen. Am frühen Nachmittag beginnen die Feierlichkeiten des **VESAKH-FESTS** mit dem Einzug der Buddha-Statue. Den ganzen Nachmittag über gibt es Zeremonien und Rezitationen, traditionelle Musik, jede Menge Informationen und Vorführungen mit ganz unterschiedlichen Bestandteilen – ein Einblick in eine Form der Münchner Spiritualität und Religiosität, die man im Alltag so kaum mitbekommt. Das Ganze wird mit einem spannenden Angebot von sehr authentischem Essen aus den Regionen Asiens abgerundet. Abends gegen 20.30 Uhr findet eine Kerzenzeremonie statt, ehe das Fest endet.

WO? Westpark (Westteil, Zugang zum Beispiel über Lermooser Weg)
www.vesakh-muenchen.de

Beim Vesakh-Fest.

Den **TAG DES OFFENEN DENKMALS** sollten sich alle Spürnasen rot im Kalender anstreichen: Immer am zweiten Sonntag im September öffnen historische Bauten und Stätten, die sonst gar nicht oder nur selten für die Allgemeinheit zugänglich sind, ihre Türen, meist in Kombination mit einem engagierten Führungsprogramm. Von Jahr zu Jahr verändert sich auch die Liste der teilnehmenden Institutionen, sodass jedes Jahr aufs Neue spannende Bauten zu entdecken sind. Ein Beispiel ist die Führung mit Kirchturm-Besteigung der Heilig-Kreuz-Kirche (Gietlstraße 2), Giesings älteste Kirche.

WO? Diverse Orte in München
www.tag-des-offenen-denkmals.de

Geburtstage feiern

Die **CASA MAREMMA** bezeichnet sich als Privatrestaurant: Man bucht das Lokal für geschlossene Gesellschaften. Alle Gäste sitzen an einem Tisch mit maximal 20 Plätzen. Und dann wird italienisch getafelt, es gibt ein Drei-Gänge-Menü, das hausgemacht für diesen Abend auf den Tisch kommt. Die liebevolle Einrichtung, der schöne Fliesenboden mit weiß gemustertem Rand und viele andere Details sorgen für das echte italienische Gefühl – und das mitten in Giesing. Buchung telefonisch unter 089 697 587 30.

WO? Untere Grasstraße 6

Der **WITTELSBACHER BRUNNEN** am Lenbachplatz ist einer der schönsten Brunnen Münchens und markiert das südwestliche Ende des Maximiliansplatzes, einer kleinen grünen Lunge inmitten der Stadt. Gerade einmal neun Stufen führen von der Straße aus auf eine kleine Plattform hinter dem Brunnen. Aber diese reichen aus, um einen tollen Blick auf den Lenbachplatz und die Vorboten des Stachus zu genießen. Durch die Grünanlage im Rücken sowie die halbrunde, opulente Anlage des Brunnens vor einem ist man der Stadt ein wenig entrückt. Ein prima Platz, um in schönster Kulisse ein Sektfrühstück auszurichten.

WO? Lenbachplatz

Der **ROSTIGE PUDEL** war ursprünglich eine Bar und wird nun an Feiernde vermietet. Die Kosten setzen sich aus Raummiete und Verpflegung zusammen. Ob à la carte oder Getränkepauschale, ob Flying Buffet oder Menü am Platz – das Konzept passt sich an viele verschiedene Wünsche und Gelegenheiten an. Das Inhaber-Team hat noch weitere Lokale zu bieten, zum Beispiel den Weißen Pudel direkt nebenan oder das Kater Mikesch in der Thierschstraße 10.

WO? Pestalozzistraße 20
www.rostigerpudel.com

Unkommerzielle Anbieter von Räumen für eine Feierlichkeit findet man etwa über das JIZ München, das online zum Thema »Räume mieten« einen vielfältigen Überblick bietet. In der Auflistung findet sich auch das **TRAMBAHNHÄUSL** in Ramersdorf – umtost von der Rosenheimer Straße, kurz vor der Auffahrt zur A 8, stört sich hier kein Anwohner an einer Feier, selbst wenn es lauter werden sollte.

WO? Rosenheimer Straße 238
www.trambahnhäusl.de

Flohmarkt

Der Verein **SCHWESTERN UND BRÜDER VOM HEILIGEN BENEDIKT LABRE E. V.** in Ludwigsfeld betreut Obdachlose: Er betreibt Wohngemeinschaften, in die Frauen und Männer aufgenommen werden. Außerdem verteilt er nächtens Essen und Dinge des täglichen Bedarfs und kümmert sich um eine würdige Bestattung, wenn ein Obdachloser stirbt. Bei der Finanzierung hilft der Floh- und Antiquitätenmarkt auf dem Gelände eines der Wohnhäuser. Die Bewohner arbeiten beim Verkauf, Reparatur sowie der Restauration von Möbeln mit.

WO? Auf den Schrederwiesen 22
www.benedikt-labre.de/flohmarkt.html

Bei der **FASHION SESSION** dreht sich alles um Mode. Der Flohmarkt bietet logischerweise alle Arten von Kleidung an, aber auch Accessoires, Schuhe und vieles andere mehr. Die Fashion Session findet in unregelmäßigen Abständen statt, Beginn ist ganz gemütlich um 17 Uhr.

WO? Praterinsel
www.midnightbazar.de

Die **HALLE 2** in Pasing ist das Second-Hand-Kaufhaus der Abfallwirtschaftsbetriebe München. Das Angebot kommt von den Wertstoffhöfen (alles, was viel zu schade ist, um im Müll zu landen), neben Möbeln und Hausrat gibt es auch Bücher und Spielsachen, geprüfte Elektrogeräte und jede Menge Seltsames und Seltenes. Spenden werden angenommen und es finden Versteigerungen statt.

WO? Peter-Anders-Straße 15
www.halle2-muenchen.de

Beim **FLOHMARKT IM OLYMPIAPARK** wird meist freitags und samstags hauptsächlich auf der Parkharfe verkauft. Dieser Markt ist nah dran am Leben der Münchner: Die einen verkaufen zum Spaß, und um ihren Keller leer zu bekommen, die anderen verdienen sich ihren Lebensunterhalt. Wer verkaufen will, muss früh aufstehen, gerade die Plätze, wo man vom Auto aus verkauft, sind sonst voll. Die Käufer sind bunt gemischt; hier wird oft hart gehandelt, es geht bei vielen weniger um den Trödelspaß als vielmehr um die Alltags-Ausstattung.

WO? Parkharfe Olympiapark
www.brk-muenchen.de/aktuelles/aktionen-veranstaltungen
/rotkreuz-flohmaerkte/flohmarkt-olympiapark

Feste feiern

Das größte **JAPANFEST** im süddeutschen Raum findet alljährlich Mitte Juli in der Nähe des Japanischen Teehauses im Englischen Garten statt. Ausgerichtet von der Deutsch-Japanischen Gesellschaft in Bayern e. V., dem Japan Club München sowie dem Japanischen Generalkonsulat lassen sich im Rahmen des vielseitigen Programms, das von traditionellen Tänzen bis zu Vorführungen von Kampfkunst reicht, spannende Einblicke in die japanische Kultur gewinnen. Besonders schön an diesem Festival ist die Möglichkeit, sich kreativ zu beteiligen – mitmachen kann man zum Beispiel bei einem Haiku-Wettbewerb oder bei der Kunst des japanischen Blumensteckens. Auch jugendliche Besucher strömen in Scharen zum Japanfest und nutzen – aufwendig als Manga-Figuren verkleidet – das Eisbach-Gelände als Kulisse für inszenierte Fotos ihrer Fantasiewelten. Am Abend vor dem eigentlichen Festival findet die Eröffnung im Museum Fünf Kontinente statt, dort werden zum Beispiel die traditionellen Tsuchie-Kodomo-Kagura-Tänze gezeigt. Der Besuch des Festivals am Japanischen Teehaus ist kostenlos, für die Teilnahme an der Abendveranstaltung muss man sich jedoch über die Deutsch-Japanische Gesellschaft voranmelden.

WO? Am Japanischen Teehaus im Englischen Garten
www.djg-muenchen.de

Das **HOLI FESTIVAL OF COLOURS** macht sich Elemente eines indischen Frühlingsfestes zu eigen – vor allem den Einsatz von Farbpulver – und mischt diese mit Elektro-Musik und professionellem Marketing. Fertig ist das Mega-Event, das jedes Jahr auf der Galopprennbahn Riem (und in vielen Städten weltweit) stattfindet. Die Zielgruppe ist gefühlt Mitte 20, erscheint weiß gekleidet und reiht sich in die langen Schlangen am Eingang und am Chipkarten-Getränkeverkauf ein. Die Menge zählt unter DJ-Anleitung den Farbcountdown herunter und schüttet sich dann gegenseitig Farbpulver, das es vor Ort zu kaufen gibt, über die Köpfe. Die Farben mischen sich im Lauf der Stunden und hängen allen in den Haaren, in den Gesichtern und an der Kleidung. Am S-Bahnhof Riem kommentierte ein Passant das dann so: »Ich komm von der Arbeit und hier sehen alle aus wie Pumuckl.«

WO? Galopprennbahn Riem, Graf-Lehndorff-Straße 36
www.holifestival.com

Seit 1868 ist er Tradition: der **GÄRT-NERJAHRTAG** rund um den Viktualienmarkt. Seine Geschichte reicht aber noch weiter zurück, nämlich bis zu den Pestepidemien im 17. Jahrhundert, nach deren Ende die Klöster der Münchner Bevölkerung mit Gaben aus ihren Gärten neue Hoffnung schenken wollten. Jedes Jahr ziehen über 800 Gärtner mit prachtvoll geschmückten Wagen und Blasmusik zwei Runden durch die Altstadt – nach der Hälfte findet ein Gottesdienst in der Peterskirche statt. Dann geht es über den Marienplatz zum Hofbräuhaus. Auf dieser Strecke werden Blumen und Gemüse an die Zuschauer verschenkt.

WO? Viktualienmarkt
www.gaertnerjahrtag.de

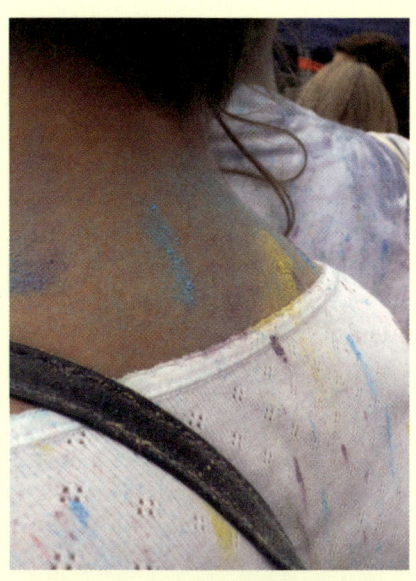

Das **COMICFESTIVAL MÜNCHEN** findet nur alle zwei Jahre statt, da es sich mit dem Comic-Salon Erlangen abwechselt. Dann wird es bunt in der Alten Kongresshalle: Comic-Verlage präsentieren Neuerscheinungen und Künstler zeigen ihre neuesten Werke, die zum Teil auch käuflich zu erwerben sind. Im großen Saal finden die für die Szene so wichtigen Signierstunden statt, es gibt Ausstellungen, Zeichenkurse und vieles andere mehr im großen Rahmenprogramm. Auf dem Festival trifft sich eine lebendige, freundliche und überaus gut gelaunte Szene. Die Alte Kongresshalle ist auch »nur« das Zentrum des Festivals, an verschiedenen Orten in der ganzen Stadt gibt es weitere Begleitveranstaltungen.

Alle bunt beim Holi-Festival (oben) und in Szene gesetzt auf dem Japanfest (unten).

WO? Theresienhöhe 15
www.comicfestival-muenchen.de

Architektur

Schon seit Jahrhunderten platzt München aus allen Nähten, Klagen über Wohnungsnot und unbezahlbare Preise sind so alt wie die Stadt selbst. Früher half man sich durch Genossenschaften oder durch Stadtplaner, die ganze Stadtviertel dort aus dem Boden stampften, wo vorher Acker war. Wohnraum blieb aber immer ein Thema, das auch heute noch den meisten Münchnern aufs Gemüt drückt. Leben im Grünen und Arbeiten in der Stadt – trotz vieler Verbesserungsversuche bleibt diese Herausforderung bestehen.

Nach wie vor wird vor allem in der Breite gebaut. Wo immer ein Kasernengelände frei wird, entwickelt sich ein neues Viertel – die heutigen Quartiere. In große Höhen wächst hier nichts – das wurde per Bürgerentscheid 2004 verboten. Spektakuläre moderne Architektur ist rar. Der Blick auf die Münchner Architektur ist aber dann durchaus spannend, wenn man ihn auf das Leben in der Stadt bezieht. In München geht es immer darum, das Problem fehlenden Wohnraums zu lösen und gleichzeitig das Gesicht der Stadt zu wahren. Tradition ist dem Einheimischen wichtig; von Architekten und Stadtplanern hochgelobte Bauten lösen bei vielen Bewohnern eher Kopfschütteln aus. Genau das macht die Münchner Bauweise so sehenswert.

Prägende Architektur

König Ludwig II. war unter anderem über das Scheitern seines Plans von der Errichtung eines Richard-Wagner-Festspielhauses in München sehr verärgert. Er entschloss sich daher, sich auf den Bau seiner Königsschlösser – außerhalb Münchens – zu konzentrieren. Gleichzeitig gingen allgemein immer mehr Kompetenzen des Königshauses an Regierung und städtische Verwaltung über: Private Initiative und vor allem kommunale Planung gewannen für die Stadtentwicklung an Bedeutung, und so konnte der Übergang von der geometrischen Tradition des Klassizismus zum »malerischen Städtebau« erfolgen.

Als der Repräsentant dieser »münchnerischen« Architektur-Auffassung schlechthin gilt Gabriel von Seidl (unter anderem Lenbachhaus, Künstlerhaus). Häuser dieser Bauart sehen aus, als würden sie aus dem Mittelalter stammen und doch sind diese Gebäude keine 150 Jahre alt. Weniger bekannt dürfte der Architekt **MAX OSTENRIEDER** (1870–1917) sein, der einen extrem malerischen Stil bevorzugte, entwickelt aus Elementen der spätesten Gotik und der deutschen Renaissance. Er übertrug historische Formen, wie etwa von Tiroler Erkern oder italienischen Arkaden in die Fassaden seiner mehrstöckigen Stadthäuser, fügte Skulpturen hinzu und verschmolz alles in seinen Entwürfen. Ostenrieder baute diverse Gebäude in München; ein prominentes Beispiel ist das **HAUS KAUT** von 1897, in dessen Erdgeschoss die Brauerei Aying ein Wirtshaus betreibt. Weitere Orte, um seine Architektur zu bestaunen: das Roigerhaus in der Kreuzstraße 1 (besonders originell) oder das Haus Krafft in der Sendlinger Straße 56 (am exzentrischsten).

WO? Altstadt (Graggenauer Viertel), Platzl 1 a

Einst war die gesamte Au dicht mit **HERBERGSHÄUSERN** besiedelt – ohne jedes Ordnungssystem und aus vielen Einzelparteien bestehend zählte man Ende des 17. Jahrhunderts 200 Häuser mit 700 »Gemächern«, ähnlich Mietwohnungen, für jeweils eine Familie. Die ärmlichen Behausungen in dem Niemandsland außerhalb der Stadt, das sich zu einer immer dichter bewohnten Vorstadt entwickeln sollte, waren im Überschwemmungsgebiet der Isar gelegen. Zu jedem noch so kleinen Wohnteil führte eine eigene Außentreppe – egal, ob der ganze Stock oder nur ein einzelnes Zimmer von einer Partei bewohnt wurde – was unter anderem den Anblick der noch heute erhaltenen und renovierten Häuser so malerisch erscheinen lässt. So hausten hier Handwerker und Tagelöhner, die etwa aus Armut die Stadt verlassen mussten oder die aus dem ländlichen Umland kommend sich in der Nähe der Stadt Arbeit erhofften, schon seit dem Ende des 15. Jahrhunderts. Die zunehmende Überbelegung sowie Verar-

Im Innenhof des Patentamts.

mung erschwerten die Wohn- und Lebensverhältnisse in der Au aber immer mehr. Erst im 19. Jahrhundert kam es durch die Eingemeindung des Viertels zu Veränderungen.

In dem Bereich der Franz-Prüller-Straße/Sammtstraße finden sich die Reste dieser charakteristischen Herbergshäuser; im sogenannten PEST-HAUS (Franz-Prüller-Straße 12) ist die älteste Bausubstanz erhalten. Es gehört heute dem Regisseur Joseph Vilsmaier.

WO? Au, Bereich Franz-Prüller-Straße, Sammtstraße, Am Wageck, Am Herrgottswinkel

Das Pesthaus.

Als Abteilung des Berliner Reichspostministeriums wurde im Jahr 1920 in München eine bis 1934 eigenständige bayerische Postbauverwaltung (manchmal auch Postbauabteilung genannt) eingerichtet. Unter dieser

ARCHITEKTUR

konnten einige Architekten, die eine Art bayerische Moderne in der Münchner Architektur anbrechen ließen, weitgehend eigenständig agieren – zu ihnen gehörten Robert Vorhoelzer (nach dem heute das Vorhoelzer Forum benannt ist) und Robert Poeverlein. Beide nutzten die Freiheit, die ihnen durch die eigenständige Arbeitsweise der Bauabteilung gewährt war, um radikaler als andere zu bauen.

Ihre Bauten sind heute nicht mehr aus München wegzudenken und wirken in den jeweiligen Vierteln identitätsstiftend. So gehört etwa das von Vorhoelzer und Hans Schnetzer im Stil der Neuen Sachlichkeit geplante **POSTGEBÄUDE AM HARRAS** dazu: Hinter einem flachen, langgestreckten Amtsgebäude stehen fünfgeschössige Wohnblöcke, die als gemeinnützige Wohnungen für die Angestellten der Post dienten; glatte Flächen, eine einfache Befensterung und Flachdächer sind für die Bauten kennzeichnend. Das Ensemble wurde 2002 beeindruckend gut restauriert. Tipp: Hinter dem Durchgang in den Hof verbirgt sich eine avantgardistische Außentreppe. Der Postbauverwaltung und Vorhoelzer sind die wenigen im Geiste des Bauhauses gestalteten Gebäude in München zu verdanken, so auch die Postämter am Goetheplatz und in der Fraunhoferstraße, die »Tela-Post« an der Tegernseer-Landstraße, oder das nüchterne und doch kathedralenartige, ehemalige Paketzustellamt in der Nähe der Hackerbrücke.

WO? Am Harras 2–9

Franz Hart wollte, so beschrieb er es, im Team mit Ingenieuren und Technikern Entwürfe mit höchster Wirtschaftlichkeit, größter Kühnheit, bester Praktikabilität sowie einen ausgewogenen Raumeindruck verwirklichen. So entstanden ab den 1950er-Jahren Gebäude, die Münchens Architektur prägen und bis heute kontrovers empfunden werden: Was die einen als kühne Klarheit sehen, empfinden die anderen als abstoßende Zweckmäßigkeit. **DAS DEUTSCHE PATENT- UND MARKENAMT** an der Isar entstand zwischen 1953 und 1959 in drei Bauabschnitten. Die Gebäude an der Zweibrücken- und Erhardtstraße passten sich von der Höhe her der Nachbarschaft an, dahinter aber setzten Hart und sein Co-Architekt Claus Winkler ein 13-geschossiges Hochhaus mit rundum verglaster Kantine auf dem Dach. Es war zu jener Zeit das höchste Gebäude Münchens, ohne Pendant und durch und durch modern. Noch heute lohnt es sich, um das Gebäude zu streifen und sich auch in den strengen Innenhof des Gebäudeteils an der Zweibrückenstraße zu stellen.Von Franz Hart stammt zum Beispiel auch die Bahnsteighalle des Hauptbahnhofs sowie mehrere Gebäude der TU rund um die Arcisstraße.

WO? Zweibrückenstraße 12

Das Haus Kaut.

Bellevue Klenze

Bellevues bieten sich von manchem der Bauwerke des Hofbau-Intendanten und Geheimen Oberbaurats Leo von Klenze – tolle Ausblicke, die bis heute prägend sind. Eine solche Aussicht kann man von der **LOGGIA DES PALAIS AN DER OPER**, der ehemaligen Hauptpost, aus genießen: auf den Max-Joseph-Platz, den Königsbau der Residenz (von Klenze), das Nationaltheater (unter Mitwirkung von Klenze), das Residenztheater und die auf den umliegenden Straßen flanierenden Spaziergänger. Dem Umbau des früheren Palais Törring-Jettenbach ist es zu verdanken, dass diese Loggia überhaupt existiert. Bei der Gestaltung des Max-Joseph-Platzes bekam Klenze von Ludwig I. auch den Auftrag, die Nordfassade des ehemaligen Stadtpalais neu zu konzipieren. Vorbild war die Ospedale degli Innocenti in Florenz, eine offene Bogenhalle, ganz und gar ausgelegt auf die städtebauliche Wirkung. Heute wird die Loggia vom Restaurant Kuffler als Terrasse genutzt. An lauen Sommerabenden kann man hier bis nach Mitternacht sitzen und italienisch angehauchtes münchnerisches Ambiente genießen.

WO? Am Max-Joseph-Platz, Hofgraben 9
www.kuffler.de

Auf Initiative von Ludwig I. sollte ähnlich der Walhalla bei Regensburg, einer Gedenkstätte für die »größten Deutschen«, auf der Hangkante an der Theresienwiese ein Ehrentempel für »ausgezeichnete Bayern« entstehen. Den Wettbewerb für eine **RUHMESHALLE**, zu dem König Ludwig I. im Jahr 1833 eingeladen hatte, gewann Klenze: Sein Entwurf sah neben einer dreiflügeligen dorischen Säulenhalle eine vorgelagerte Kolossalplastik vor: die Bavaria – eine altgermanische Frauengestalt, über 18 Meter groß und zur damaligen Zeit eine technische Meisterleistung. Bis heute ist sie eine der größten Bronzestatuen weltweit und kann im Inneren bestiegen werden, der Aufgang ist jedoch eng und der Platz auf vier Besucher begrenzt. Beeindruckender ist daher der freie Blick auf die Stadt von der Ruhmeshalle aus (Eintritt frei). Die Büsten an der Wand verbreiten eine eigentümliche Stimmung, nicht zuletzt wegen der etwas provisorischen Restaurierung mancher Köpfe. Erst seit dem 3. April 2000 gibt es auch Büsten weiblicher Persönlichkeiten. Geöffnet sind Ruhmeshalle und Bavaria zwischen 1. April und 15. Oktober; während des Oktoberfestes ist die Bavaria bis 20 Uhr geöffnet, die Ruhmeshalle bleibt dann aus Sicherheitsgründen geschlossen.

WO? Theresienhöhe 16
www.schloesser.bayern.de/deutsch/schloss/objekte/mu_ruhm.htm

In der Ruhmeshalle.

Schon 1807 schlug der Landschaftsarchitekt Ludwig von Sckell vor, am Rand des Hirschangerwalds im Englischen Garten auf einem künstlichen Hügel ein Pantheon zu errichten. Leo von Klenze begann daraufhin 1832 mit dem Bau des **MONOPTEROS**, heute ein Wahrzeichen der Lieblingsgrünanlage der Münchner. Der 16 Meter hohe, offene Rundtempel ruht auf einem dreistufigen Unterbau und wird aus zehn ionischen Marmorsäulen und einem Kuppeldach gebildet. Die Stufen sind ein populärer Treffpunkt, um die weite Sicht zu genießen, die der Monopteros bietet: auf die Kirchtürme der Altstadt und Schwabings sowie auf die Auenlandschaft des Englischen Gartens. Gerade in den frühen Morgen- oder Abendstunden ist dieser Blick einmalig schön.

WO? Englischer Garten (südlicher Teil)

Ein weiterer Monopteros, der **APOLLOTEMPEL**, befindet sich im Nymphenburger Park; wieder stammen die Pläne von Leo von Klenze. Hier ist die Unterseite der Kuppel des Tempels prachtvoll mit goldenen Verzierungen auf blauem und rotem Untergrund ausgearbeitet. Vom Apollotempel aus kann man den Blick über den Badenburger See schweifen lassen.

WO? Schlosspark Nymphenburg

Besondere Architektur

Eine Unterführung der besonderen Art befindet sich unter der Maximilianstraße: Das **MAXIMILIANSFORUM** wurde nie wirklich gebraucht, und die geplante unterirdische Ladenzeile nie verwirklicht. Diese städtebauliche Brache
wird schon seit den 1970er-Jahren in unterschiedlicher Art und Weise als Aus-
stellungsfläche genutzt – Joseph Beuys installierte hier einst sein Environment
»zeige deine Wunde«. Seither ist einige Zeit vergangen, die Fläche wurde behutsam umgebaut, um viele verschiedene Ausstellungskonzepte zu ermöglichen.
Charme und Hochglanz zogen aber nie ein. Im MaximiliansForum werden
wechselnde Ausstellungen moderner Kunst gezeigt, die sich auch mit der besonderen Umgebung dieser Unterführung auseinandersetzen.

WO? Passage Maximilianstraße / Altstadtring
www.maximiliansforum.de

Das Siedlungsquartier Nordheide wurde am Rand der Panzerwiese 2011 fertiggestellt. Es wird von einer diagonalen Fußgänger-Achse durchzogen, an deren
südöstlichem Ende das **DOMINIKUSZENTRUM** liegt. Es wurde von mehreren katholischen Einrichtungen finanziert und steht kirchlichen und sozialen Stellen
zur Verfügung. Architekt Andreas Meck entschied sich, Torfbrandklinker, speziell gebrannte, rote Ziegel, als Hauptmaterial zu verwenden, wodurch das Gebäude in einem starken Kontrast zur Umgebung steht. Das fast quadratische
Gebäude umgibt einen offenen, schlichten Innenhof, der den Besucher in seinen Bann zieht. Ein besonderer Tipp ist die Andachtskapelle, die sich in einem
Durchgang zum Hof versteckt, der von einer Art Turm dominiert wird. Durch
fünf bronzeverkleidete Türen gelangt man in den Andachtsraum – hier ist man
erst einmal sprachlos, denn das Tageslicht, das durch ein großes Oberlicht in die
Kapelle fällt, lässt einen in Blau gehaltenen Raum erleuchten, dessen Kunstkon-
zept und reduzierte Ausstattung eine unglaublich starke Wirkung haben.

WO? Hildegard-von-Bingen-Anger 1–3

Das **GEBÄUDE 0505** auf dem Gelände der Technischen Universität an der Ecke
der Luisen- zur Theresienstraße war 1963 nach Plänen von Franz Hart erbaut
worden und über die Jahre stark sanierungsbedürftig geworden. Zum Beispiel
musste die Fassade aus Betonfertigteilen komplett entfernt werden. Das Büro
Hild und K Architekten entwickelte daraufhin ein Konzept, das die Besonderheit des Gebäudes, die Stahlbeton-Grundkonstruktion, bewahrte und mit neuen
Elementen verband: Die neue Außenhaut aus dunkelgrauen Vormauerziegeln
antwortet jetzt auf die Fassaden anderer Gebäude auf dem TU-Campus, bei de-

Blick ins Treppenhaus des Gebäudes 0505 der TU.

nen oft Ziegel der 1960er- oder Aluminiumteile der 1990er-Jahre verwendet wurden. Im Inneren wurde, wo immer möglich, bis auf das Stahlbetonskelett zurückgebaut, um diese dem Gebäude zugrundeliegende Struktur sichtbar werden zu lassen – immer wieder bleiben Träger oder auch Heizungsrohre ohne Verkleidung, die Farbgestaltung unterstreicht ebenfalls die Komposition des Ganzen. Der Zugang ist über eine der dunklen, schweren Türen an der Straßenkreuzung möglich; geht man ins Zwischengeschoss, beeindrucken farbige Glasfenster aus der Erbauungszeit, die sich über das Treppenhaus nach oben ziehen.

wo? Nähe Luisenstraße 55

Das **OSKAR-VON-MILLER-FORUM** ist als Begegnungszentrum konzipiert. Finanziert durch die bayerische Bauwirtschaft erfüllt es verschiedene Zwecke: In dem einen Teil des Hauses können Stipendiaten und Wissenschaftler auf Zeit wohnen; der andere Teil dient der öffentlichen Nutzung – hier werden etwa frei zugängliche Vorträge von Architekten, Bauingenieuren oder Fachleuten verwandter Disziplinen gehalten. Das Gebäude wurde vom Architekten Thomas Herzog geplant, einem Pionier in Sachen nachhaltiges Bauen. Eine Doppel-Fassade mit viel Glas schützt vor dem Lärm des Altstadtrings und lässt das Haus grünlich schimmern, wodurch ein offener, einladender Eindruck entsteht. Im Erdgeschoss entfalten große, modulare Faltwände, mit denen die Räume je nach Veranstaltung verändert werden können, ihre Wirkung.

wo? Oskar-von-Miller-Ring 25
www.oskarvonmillerforum.de

Wohnungsbau

1928 wurde die **VERSUCHSSIEDLUNG DES BAYERISCHEN POST- UND TELEGRA-PHENVERBANDES** nach Plänen von Robert Vorhoelzer und Walther Schmidt mit der Reichsforschungsgesellschaft für Wirtschaftlichkeit im Bau- und Wohnungswesen verwirklicht. Das Ergebnis: 326 Wohnungen in mehreren Häuser-Riegeln gruppieren sich um einen zentralen, fast quadratischen Innenhof. Das Besondere ist, dass sehr unterschiedliche Bauweisen, Materialien, Wohnungsgrundrisse und sogar Einrichtungen erprobt wurden, um deren Komfort und Wirtschaftlichkeit miteinander vergleichen zu können. Die Forschungsergebnisse wurden ein Jahr später publiziert. Außerdem wurden die Wohnungen mit der sogenannten Münchner Küche von Hanna Löv ausgestattet. Die genossenschaftliche Wohnanlage, die mittlerweile unter Denkmalschutz steht, existiert nach wie vor, die Wohnungen wurden seither natürlich modernisiert.

WO? Arnulfstraße 155
www.mietwohnen-eg.de

Viele der alten, scheinbar gewachsenen Stadtviertel in München sind tatsächlich geplante Kolonien: Stadtentwickler wie August Exter oder Jakob Heilmann erwarben große Grundstücke, auf denen sie ihre Siedlungen konzipierten. **AUGUST EXTER** etwa kaufte in Pasing riesige Flächen Ackerland, die er parzellierte und als zukünftige Teile einer **VILLENKOLONIE** vermarktete. Hier sollten individuelle Einfamilienhäuser entstehen; Interessenten gab es en masse. So entstand das erste geplante ländliche Wohnquartier am Münchner Stadtrand, das auch durch mehrere Bahnlinien mit der Innenstadt verbunden wurde – seit 1894 sogar schon im 15-Minuten-Takt. Rund um den Wensauerplatz sollten Geschäfte und Handwerksbetriebe angesiedelt werden, um eine Versorgung der Neubürger zu gewährleisten. Seit den 1970er-Jahren steht die Kolonie unter Ensembleschutz. Das Viertel beeindruckt durch sein vieles Grün und die unterschiedlichen Baustile: So findet man etwa in der August-Exter-Straße 34 eine schöne Villa im Landhausstil, wohingegen um 1910 bei einem Projekt von Bernhard Borst ein Haus weiter eine historisierende Bauweise zum Einsatz kam.

WO? August-Exter-Straße

Vom **AUSSICHTSTURM IN FREIHAM** aus kann man dem neuen gleichnamigen Stadtteil beim Wachsen zusehen. Das schon jetzt zum Wahrzeichen des Neubaugebiets gewordene Stahlgerüst soll von seiner Form her an eine Sanduhr erinnern, um so zugleich Vergangenheit und Zukunft der Gegend zu symbolisieren. Freiham war die letzte freie zusammenhängende Fläche im Münchner

Die Postversuchssiedlung.

Stadtgebiet dieser Größe. Hier, am äußersten Stadtrand, entwickelt die Stadt seit 2005 ein »Quartier«, in dem bis zu 20.000 Menschen wohnen und bis zu 7.500 arbeiten sollen; Ziel sei »eine nachhaltige Stadtentwicklung, die ökonomischen, ökologischen und sozialen Anforderungen gleichermaßen gerecht wird«, so das Referat für Stadtplanung. Die Bebauung des Nordteils, in dem überwiegend Wohnungen entstehen, begann 2015. 2042 soll dann alles fertig sein. Die gigantischen Ausmaße (3 Millionen Quadratmeter Gesamtfläche) der Neubaugebiet-Großbaustelle erkundet man am besten mit dem Fahrrad oder dem Auto.

wo? Nähe Wiesentfelser Straße 57

Wer auf dem Theodor-Heuss-Platz steht, befindet sich genau in der Mitte des sogenannten Wohnrings **NEUPERLACH**. Der Platz hat einen Durchmesser von 450 Metern, fast kreisförmig sind die Wohnanlagen um ihn herum angelegt. In den aneinander anschließenden Hochhäusern mit 9 bis 18 Stockwerken leben etwa 4.500 Menschen. Im Zentrum des Platzes wurde ein ökumenisches Kirchenzentrum gegründet. Insgesamt wurden in Neuperlach binnen 15 Jahren Wohnungen für 60.000 Menschen gebaut und 20.000 Arbeitsplätze geschaffen – um der akuten Wohungsnot, die in der Nachkriegszeit herrschte, Herr zu werden. Vision war es, den Stadtteil grundsätzlich eigenständig funktionieren zu lassen, was die Infrastruktur und ähnliches angeht. Heute leben 55.000 Menschen in einer der größten deutschen Satellitenstädte.

wo? Theodor-Heuss-Platz
www.neuperlach.org

Mit der Tram 23 zu neuen Quartieren

Die 23er-Trambahn ist sozusagen DIE Architektur-Tram, wenn es darum geht, innerhalb von wenigen Stationen gleich mehrere prägnante Entwicklungsgebiete der Stadt zu besichtigen – die Gesamtstrecke der Linie ist kurz, die reine Fahrzeit beträgt von Start- bis Endhaltestelle gerade mal neun Minuten, es lohnt sich aber, immer wieder auszusteigen und eine Runde zu laufen. Los geht's an der neu gestalteten Haltestelle Münchner Freiheit mit ihrem spielerischen, weißen Stahldach (RPM Architekten). Nach der Haltestelle Potsdamer Straße fährt man zur Rechten am **SCHWABINGER TOR** entlang: Wo einst das Einkaufszentrum Schwabylon, das Holiday Inn Hotel, der legendäre Club Yellow Submarine und die Metro standen, wuchsen neun Gebäude in den Himmel, darunter ein 14-stöckiges Hotel. Insgesamt entstanden 4,2 Hektar Neubaugebiet mit dem Anspruch, seinen Bewohnern eine »neue Art des urbanen Lebens« zu bieten. Die Straßenbahn biegt in das massiv wirkende Stadtviertel ein und fährt weiter zum Münchner Tor.

WO? Leopoldstraße 184
www.schwabinger-tor.de

»AM MÜNCHNER TOR« steht ein Gebäudekomplex mit einem Hochhaus der Architekten Allmann Sattler Wappner. (Die Bezeichnung »Münchner Tor« leitet sich übrigens von dem simplen Fakt ab, dass die Hochhäuser, die hier gebaut wurden, eine Art Tor für den Mittleren Ring bilden.) Die Doppelfassade sorgt für natürliche Belüftung und Beleuchtung und verleiht dem Hochhaus eine dezente, etwas changierende Wirkung. Hier arbeiten 1.200 Mitarbeiter der Munich Re. Die Tram fährt von hier über die Schenkendorfbrücke, eine 84 Meter lange Tragseilbrücke über den Mittleren Ring – eine technische Meisterleistung. Neben den Straßenbahngleisen führen Fuß- und Radwege über die Brücke. Beim Überqueren öffnet sich linker Hand der Blick auf das Dach des Petueltunnels, eine Glas-Stahl-Konstruktion, die einen Blick auf die vielen Spuren der Straße an dieser Stelle zulässt. Auf der rechten Seite sieht man die Highlight-Towers, die mit 113 und 126 Metern zu den höchsten Gebäuden der Stadt gehören (Architekturbüro Helmut Jahn) – die eleganten Türme sind Teil der Parkstadt Schwabing, die auf der anderen Seite des Rings beginnt. Sie waren der Auslöser der Münchner Hochhaus-Debatte, die in einem Bürgerentscheid gipfelte, der festlegte, dass kein Hochhaus in München höher als die Frauenkirche sein darf.

WO? Am Münchner Tor 1

Die Tram 23 am Münchner Tor.

Mit der Haltestelle Anni-Albers-Straße ist man dann mitten in der **PARKSTADT SCHWABING** angelangt. Hier dominieren die Bürohäuser – der Anteil der Gewerbeflächen ist fünfmal so hoch wie der der Wohnflächen. Seit 2000 wird gebaut, letzte große Brachen rechter Hand der Haltestelle werden erst bis 2020 bebaut sein. Die zentrale, rechteckige und ziemlich nüchterne Grünanlage an der Oskar-Schlemmer-Straße bekam von den Bewohnern übrigens den Namen Central Park verpasst. Benannt sind die Straßen im Viertel nach Bauhaus-Künstlern; deren Anspruch an ihre Arbeit hätte sich besser auch auf die Architektur im Viertel auswirken sollen – die Bürogebäude sind leider sehr anonym und indifferent.

WO? Oskar-Schlemmer-Straße
www.parkstadtschwabing.net

Die letzte Haltestelle, Schwabing Nord, mit darauf folgender Wendeschleife befindet sich im neuen Stadtquartier **DOMAGKPARK**. Hier stand einst die Funkkaserne, nun wird bis 2018 Wohnraum für 4.000 Menschen entstehen. Die ersten Bewohner bekommen neben dem Baulärm die Möglichkeit, ihrem neuen Viertel beim Wachsen zuzusehen. Das Viertel hat einen nördlichen und einen südlichen Bauabschnitt; dazwischen werden alte Bäume einmal eine große Grünanlage beschatten. Neben klassischen Bauträgern bekamen auch Genossenschaften und Baugemeinschaften Grundstücke; neben Wohnungen werden auch viele soziale Einrichtungen sowie Grünanlagen angelegt.

WO? Max-Bill-Straße
www.domagkpark.de

Lebensformen

Ja, es geht auch anders. Ja, auch in München. Ja, auch obwohl München nicht Berlin ist. Das Leben hier ist ebenfalls davon geprägt, sich mit Gleichgesinnten zusammenzutun, zu glauben oder zu zweifeln oder schlicht: anders zu wohnen und zu leben als die meisten anderen. Zwischen Punk und Kloster, hinter dem Hügel oder ohne festen Wohnsitz: Wer die Augen offen hält, trifft in dieser Stadt Menschen, die sich ihrer Sache verschrieben haben. Ob fürs Seelenheil oder die eigene Gemütlichkeit.

Manche Münchner verlassen ihre kleine Welt sehr selten – wie etwa die Servitinnen, die mitten in der Stadt ihr Leben der Gottesmutter Maria verschrieben haben; andere kennen München kaum, weil sie lieber um die halbe Welt zu den weißesten Stränden fliegen. Und auch das ist München: Wer sich traut, mit Fremden in Kontakt zu treten, der wird fast immer dafür belohnt – dann bekommt man Einblicke in unbekannte Welten und es ergeben sich aufregende Begegnungen. Dazu gehört es aber auch, dieser Stadt etwas zurückzugeben, sich um die zu kümmern, die es nicht so leicht haben, hier ihre Nische zu finden. Engagement wird groß geschrieben in dieser sympathischen Großstadt.

Flanieren

Flanieren wie einst der Schriftsteller und Journalist Sigi Sommer, sich treiben lassen und Neues entdecken – das ist Teil des Münchner Lebensgefühls. Ein einladender Ort ist die **SCHULSTRASSE** mit ihren Nebenstraßen in Neuhausen. Hier findet sich eine bunte Vielfalt an individuellen Läden und Produkten, wie der Concept Store BUBE&DAME (Wilderich-Lang-Straße 6/Ecke Schulstraße), die Confiserie in der Pralinenschule, mexikanische Lebensmittel bei Mercado de México (beide Schulstraße 38) oder Käsespezialitäten in der Käsemaus (Schulstraße 23). Gut speisen lässt es sich im Marita (Schulstraße 34), den wohl besten Cappuccino Münchens gibt es im Kaffee, Espresso und Barista (Schlörstraße 11); Feinschmecker besuchen das Restaurant Broeding (Schulstraße 9).

WO? Schulstraße

Die **NEUE MAXBURG** bildet mit dem Renaissance-Turm der im Zweiten Weltkrieg zerstörten Herzog-Max-Burg ein interessantes Ensemble. Die offene, gläserne Architektur der 1950er-Jahre von Theo Papst und Sepp Ruf beherbergt Abteilungen des Land- und des Amtsgerichtes und war auch als Gegenentwurf zum trutzigen Justizpalast in der Nähe gedacht. Im Innenhof plätschert ein Brunnen, es ist ruhig und beschaulich ums Eck vom Stachus. Es gibt etwa Kleinode wie die Vier Werkstätten (Papeterie, Accessoires und Interieur), eine stilrad-Filiale, Evas Glas-Laden, einen Ableger der Conditorei Kreutzkamm, Schweizer's Puppenstuben (Handwerkliches rund um Puppen und Zinn), die Spezialisten von Krawatten Hoff und das stylische Herzog Restaurant & Bar zu entdecken.

WO? Pacellistraße 5

Von der Tela, wie die Giesinger die Tegernseer Landstraße abkürzen, führt die Gietlstraße in eine andere Welt. Hier beginnt das Terrain der **FELDMÜLLER-SIEDLUNG** – niedliche, kleine Häuschen ducken sich unter der Heilig-Kreuz-Kirche, dank Denkmalschutz und behutsamer Renovierung findet sich hier ein altes München in der Jetztzeit. Der Flaneur entdeckt zum Beispiel miramu – der Laden bietet schöne, fair produzierte Kindermode (Gietlstraße 21); gemütlich sitzt es sich in oder vor der Deli Kitchen (Gietlstraße 17), zwei Häuser weiter steht das behutsam modernisierte Wirtshaus Hohenwart – hier gibt es sogar noch eine Kegelbahn (Gietlstraße 15). Einige Meter weiter versteckt sich ein netter, schattiger Spielplatz und in der Kiesstraße 3 stand einst das Haus, in dem Meister Eders Werkstatt für die Pumuckl-Dreharbeiten eingerichtet wurde.

WO? Gietlstraße

Die Vier Werkstätten.

Vom Pariser Platz aus führt die Sedanstraße ins sogenannte **FRANZOSENVIER-TEL**. Auf dem Weg liegt Peanut, ein Kinderladen, der allerhand schöne Dinge für Kinder und ihre Eltern anbietet – Wohnaccessoires fürs Kinderzimmer oder Kinderparty-Bedarf (Sedanstraße 11). 1260 Grad hingegen brennt wunderschöne Keramik, präsentiert wird sie in einer dezenten Ladenwerkstatt (Sedanstraße 27). Strandgut (Sedanstraße 17) versammelt Industriedesign, behutsam restaurierte Möbel und andere Einrichtungsgegenstände, hier kann man wunderbar stöbern und staunen. Am Bordeauxplatz sei noch auf das Atelier Benad, das auf Farbgestaltung und Wandmalerei spezialisiert ist, hingewiesen (Wörthstraße 22); gut speist man mittags in der Iunu-Kochwerkstatt (Wörthstraße 30). In der Pariser Straße gilt es noch Nette's Stoff- und Nähladen (Pariser Straße 39), den Schallplattenladen (Pariser Straße 50) und vieles mehr zu entdecken.

wo? Pariser Platz

LEBENSFORMEN

Unterm Windrad

Östlich des Windrads, das am Autobahnkreuz München Nord die Reisenden begrüßt, entstand in den 1940er- und 1950er-Jahren eine wilde Siedlung rund um einen Baggersee: die **AUENSIEDLUNG**. Die abgeschiedene Lage hinter dem damaligen Müllberg und die Auseinandersetzungen mit der Stadt bis zur Legitimierung der Häuser 1953 schweißten die Bewohner zusammen. Man riecht zwar das Klärwerk und hört die Autobahn, Parken ist in der Siedlung auch nur für Anwohner erlaubt, und der eingezäunte See ist im Privatbesitz der Anrainer – aber trotzdem: Dieses Fleckchen München ist auf jeden Fall einen Besuch wert, so verwunschen und verschworen wirkt diese Siedlung.

WO? Wallnerstraße, Lillweg, Ballesweg
www.auensiedlung.org

HERMANN ROSA war ein Bildhauer, der sein Leben lang nach Perfektion suchte und auch als Architekt und »eigenhändiger« Baumeister arbeitete. Die ersten Schritte ging er in der Auensiedlung – zwei **ATELIERHÄUSER** sollten entstehen, die er überwiegend allein aus Beton schuf. Er arbeitete wie ein Bildhauer – wenn zum Beispiel eine Mauer nicht zum Gesamten passte, riss er sie wieder ein. Nach fünf Jahren Bauzeit war bei beiden Häusern der Rohbau fast fertig, jedoch musste er vor Fertigstellung aus finanziellen Gründen verkaufen. Die Häuser wurden anders zu Ende gebaut, als Rosa das gewollt hätte, aber dennoch: Die Gebäude bieten eine Architektur, die man hier nicht vermuten würde. In einem der Häuser wohnte bis zu seinem Tod der Bildhauer Rudolf Wachter, dessen meterhohe Arbeiten zum Beispiel im Westpark stehen.

WO? Wallnerstraße 9 und 16

Gleich am Anfang der Auensiedlung steht Bayerns erste Moschee. Die **FREIMANN-MOSCHEE** wurde 1973 eröffnet. Der Bau mit Minarett ist ein Kind seiner Zeit – die 70er-Jahre blitzen überall durch, etwa bei der Farbwahl der Fliesen. Bis heute strahlt das leicht in die Jahre gekommene Gotteshaus eine starke religiöse Würde aus. Besichtigungen und Führungen des dort ansässigen Islamischen Zentrums München sind nach Anmeldung möglich; oder man plant einen Besuch am Tag der offenen Moschee, der jedes Jahr am 3. Oktober stattfindet.

WO? Wallnerstraße 1
www.islamisches-zentrum-muenchen.de

Minarett der
Freimann-Moschee.

Das ehemalige Dorf Fröttmaning verschwand sukzessive unter dem immer größer werdenden, stinkenden Müllberg von Großlappen, der Rest des Dorfes fiel
dem Bau des Münchner Autobahnringes zum Opfer. Dank heftiger Bürgerpro-
teste blieb zumindest die **HEILIG-KREUZ-KIRCHE** verschont, die wahrscheinlich
Münchens älteste Kirche ist und deren erster Vorläufer auf das Jahr 815 datiert
wird. Noch zwei weitere Male mussten Bürger für die Kirche kämpfen: als die
Mülldeponie erweitert werden sollte und als die Allianz-Arena in ihrer Pla-
nungsphase bedrohlich nahe rückte. »Dafür« wurden dann bei späteren Reno-
vierungsarbeiten kunsthistorisch einzigartige Fresken entdeckt. Gottesdienste
finden etwa einmal im Monat statt; am Karsamstag ist die Kirche außerdem für
die stille Meditation am heiligen Grab geöffnet. Führungen bietet das Münchner Bildungswerk an. An das Schicksal des alten Dorfs Fröttmaning erinnert die
Skulptur »Versunkenes Dorf« von Timm Ulrichs – eine originalgetreue, nicht-
begehbare Replik der Heilig-Kreuz-Kirche aus Betonfertigteilen. Das Kunstwerk steht am Fuß des Fröttmaninger Müllbergs und wurde so gesetzt, dass es
im nahen, mittlerweile begrünten Müllberg unterzugehen scheint.

wo? Kurt-Landauer-Weg
www.pfarrverband-albert-allerheiligen.de

Anders wohnen

Kaum ein Thema bewegt die Münchner so sehr wie der Wohnungsmarkt. Doch es gibt auch einige wenige Alternativen zum festen Wohnsitz. Die **WAGENBURG STATTPARK OLGA** ist zum Beispiel eine Wohngemeinschaft bestehend aus umgebauten Lkw und ehemaligen Bauwagen. Neben den relativ autarken Wohngefährten gibt es einen Gemeinschaftsbereich, der auch für Veranstaltungen und Konzerte genutzt wird – oder fürs Platzcafé, das derzeit meist donnerstags stattfindet und bei dem Konzerte, Vorträge, veganes Essen und Feuertonne eine Atmosphäre schaffen, die es sonst so in dieser Stadt kaum gibt.

WO? Boschetsriederstraße / Ecke Aidenbachstraße
www.olga089.blogsport.de

Die große Wohnungsnot in München, gerade bei Alleinstehenden, war Auslöser für ein soziales Bauprojekt, das 1913 begonnen und 1927 fertiggestellt wurde: das **LEDIGENHEIM** für Männer. Bis heute wohnen 382 Männer in der Bergmannstraße in einfachen, möblierten Zimmern zu günstigen Preisen. Die Einrichtung ist eines der letzten Ledigenheime in Europa. Die Miete beträgt etwa 185 Euro inklusive Nebenkosten, die Warteliste ist allerdings lang. Besichtigungen werden sporadisch angeboten; aber auch von außen ist das von Theodor Fischer im Stil der Neuen Sachlichkeit erbaute Haus definitiv sehenswert.

WO? Bergmannstraße 35
www.ledigenheim.de

»Dies ist ein offener, aber nicht öffentlicher Ort – Platz – Fleck« – und wer ihn besuchen möchte, solle bitte einen Stein mitbringen: So steht es auf einer Hinweistafel des **TIPIPLATZES**. In der Nähe der Langwieder Seenplatte befindet sich dieses verwunschene Areal: Mehrere Tipis und andere, sehr fantasievolle Bauten verteilen sich auf einem Stück Land am Bach. Es herrscht eine achtsame, friedliche Stimmung. Eine gewisse Bekanntheit erlangte das Gelände durch die Einweihung der Eisenkapelle, die der Künstler Sebastian Weiss in sieben Jahren aus Schrott erbaute und die noch heute dort steht.

Gut besuchen kann man den Tipiplatz vom Badeparkplatz der Langwieder Seenplatte aus (zu dem bei schönem Wetter auch der Badebus der MVG fährt). Ab hier geht es dann zu Fuß an der Gärtnerei Korkisch entlang.

WO? Lußweg / Ecke Goteboldstraße

Blick in ein Tipi.

Mit mehreren Paukenschlägen übernahm 2016 das Aktionsbündnis **BELLEVUE DI MONACO** drei Häuser an der Müllerstraße aus dem Besitz der Stadt und bereitet diese nun unter anderem darauf vor, als Wohnraum für junge Menschen mit und ohne Fluchthintergrund zu dienen. Das Bellevue wird aber noch viel mehr sein – es soll ein offenes Haus entstehen, für Beratung, Information und Kultur, für einen besseren und humaneren Umgang mit geflüchteten Menschen jeden Alters und jeder Lebenssituation in München. Schon während der Renovierungsphase ist hier viel geboten: Das Infocafé ist Anlaufstelle und gemütlicher Treffpunkt zugleich, es finden bereits zahlreiche Kurse und Veranstaltungen statt.

WO? Müllerstraße 2–6
www.bellevuedimonaco.de

Auf dem Tipiplatz.

Vereine und Gesellschaften

Keine Firma, auch kein Verein, einfach nur ein »Club für Freunde von Whisky und anderen feinen Genüssen«. Die Gruppe **MUNICH SPIRITS** lädt zu Tastings ein, die unter wechselnden Mottos stehen, meist dreht es sich natürlich um Whiskey-Spezialthemen. Anmelden zu diesen privaten Veranstaltungen in Gaststätten kann man sich nur, indem man sich in den Newsletter einträgt und geduldig auf die Einladung zur nächsten Veranstaltung wartet. Dann heißt es schnell sein, denn es gibt nur etwa 30 Plätze! Beim moderierten Tasting trifft sich eine lustige Mischung aus Szene-Leuten, Nischen-Experten und unbedarften Neulingen. Ein Unkostenbeitrag wird zwar verlangt, aber Munich Spirits verfolgt kein finanzielles Interesse. Die Adressen der Tastings werden erst nach erfolgreicher Anmeldung bekannt gegeben.

Einmal im Jahr im Februar hat Munich Spirits auch einen Stand auf der Finest Spirits-Messe im MVG-Museum – ein kleiner Trost für alle, die bis dahin noch an keine Einladung zum Tasting gekommen sind.

WO? Finest Spirits-Messe im MVG-Museum, Ständlerstraße 20
www.munich-spirits.de

Immer montags trifft sich abends in einer Nebenstelle des Kreisverwaltungsreferats – dort, wo sonst Straßensondernutzungsanträge bearbeitet oder vorübergehende Halteverbote bewilligt werden – der **VEREIN FÜR PILZKUNDE MÜNCHEN E. V.** An den Vereinsabenden werden Exkursions-Funde besprochen oder von den Teilnehmern mitgebrachte Frischpilze gemeinsam bestimmt. In der »pilzarmen Jahreszeit« bildet man sich durch pilzkundliche Vorträge weiter. Nichtmitglieder, die den Verein kennenlernen möchten, sind willkommen. Monatliche Wanderungen sowie die jährlich im September stattfindende Frischpilz-Ausstellung im Botanischen Garten runden das Vereinsleben ab. Der Verein leistet außerdem ehrenamtlich die Münchner Pilzberatung: Im Rathaus am Marienplatz sowie im Pasinger Rathaus helfen die Vereinsmitglieder regelmäßig allen Sammlern beim Bestimmen von mitgebrachten Pilzen und geben jede Menge Tipps.

WO? Kreisverwaltungsreferat Hauptabteilung III Straßenverkehr, Implerstraße 9
www.pilze-muenchen.de

Bei einem **SUPPERCLUB** treffen sich einander fremde Menschen an ungewöhnlichen Orten zum Essen. In München gibt es verschiedene Veranstalter, die die Idee jeweils ein wenig variieren, wie zum Beispiel Como en Casa, Gourmand-

Der Cowboy Club.

punk und der Secret Supperclub. Immer gilt: Vorher anmelden – oft Monate im Voraus; und dann heißt es gespannt sein: Bekomme ich überhaupt einen Platz? Wo wird das Abendessen stattfinden? Und vor allem: Was wird's geben!?

WO? www.comoencasamuenchen.wordpress.com, www.gourmandpunk.de, www.asecretsupperclub.wordpress.com

1913 gründeten drei Handwerker aus dem Schlachthofviertel den **COWBOY CLUB MÜNCHEN** – weil die Sehnsucht groß war, das Geld aber nicht reichte, um in die USA auszuwandern (einer der Gründer war übrigens Fred Sommer, der Vater des Schriftstellers Sigi Sommer). Seit 1963 besitzt der Verein die heutige Ranch: Das Grundstück, auf dem ein Saloon, Pferdeställe samt Reitbahn sowie mehrere Tipis stehen, befindet sich unweit der Zentrallände in Thalkirchen. Der Verein betreut eine historisch wertvolle Sammlung zum Thema Wilder Westen, besitzt eine umfangreiche Bibliothek – und versucht vor allem, den unterschiedlichen Interessen aller Mitglieder gerecht zu werden, von Indianer- über Cowboy- zu Auswandererthemen ist alles dabei. Der Tag der offenen Tür im Juli ist eine der wenigen Möglichkeiten für Außenstehende, das Gelände zu betreten und diesen einzigartigen Kosmos aus der Nähe zu bestaunen. Den genauen Termin gibt der Verein etwa einen Monat im Voraus bekannt.

WO? Zentralländstraße 37
www.cowboyclub.de

Alternativen

Im Bürgerpark Oberföhring ist seit 1999 das **KAFE KULT** beheimatet. In dieser witzig dekorierten ehemaligen Baracke finden Live-Konzerte von Bands statt, für die es in München ansonsten nur wenige Bühnen gibt: Die Musiker stammen meist aus der DIY-Musik-Szene, das heißt, sie kümmern sich selbst um ihre Alben und Auftritte und sind so von der Musikindustrie unabhängig. Gespielt wird Punk, Hardcore und Indie; organisiert wird der Konzertbetrieb von einer Gruppe ehrenamtlicher Musikliebhaber. Schon seit über zehn Jahren schmeißt das Kafe Kult auch seine legendären Bat Society-Partys, bei denen unter anderem Gothic Punk aufgelegt wird. Ein Sommerfest und ein Kunst-Winterfest stehen ebenfalls jedes Jahr auf dem Programm.

WO? Oberföhringer Straße 156
www.kafekult.de

Im Tröpferlbad, einem ehemaligen städtischen Wannen- und Brausebad, ist neben einer Freizeitstätte für Jugendliche auch das Bürgerhaus Isarvorstadt untergebracht, das vom Verein Zeit, Schlacht und Raum e. V. organisiert wird. Besser bekannt ist das Bürgerhaus unter dem Namen **KAFE MARAT**. In dem autonomen Kulturzentrum mit Infoladen treffen sich selbstverwaltet verschiedene Gruppen zu ihren nicht kommerziellen Veranstaltungen: Neben Konzerten sind das auch Antifa-Treffen, Vorträge, das Queerkafe, Feiern und mehr. Am bekanntesten ist das regelmäßige Freitagskafe, bei dem es veganes Essen und günstige Getränke gibt und überwiegend Punk-Bands auftreten; mit den Einnahmen hieraus werden antifaschistische, antisexistische und antirassistische Projekte und Aktionen unterstützt.

WO? Thalkirchner Straße 102
www.kafemarat.blogsport.de

Als **NEOKELLER** wurde das Untergeschoss des Jugendtreffs M10City bekannt, das Probe-, Konzert- und Partyraum in einem darstellt. In den Nullerjahren war der Neokeller berüchtigt für aus dem Ruder laufende Punk-Veranstaltungen, bei denen es oft zu Polizeieinsätzen kam. Mehrmals mussten die Organisatoren über die Jahre deshalb auch dicht machen, die »Institution« fängt sich aber immer wieder. Im selbstverwalteten Keller proben jetzt zum einen mehrere Bands, zum anderen finden in unregelmäßigen Abständen Konzerte und Partys statt. Diese sind noch heute nicht kommerziell; obwohl ruhiger geworden, herrscht

Das Kafe Marat.

im Neokeller weiterhin eine gewisse alternativ-pun-kige Atmosphäre – was auch an einer fehlenden Lüf-tungsanlage liegen mag.

Einen guten Überblick über Punk- und wesens-verwandte Konzerte und Veranstaltungen findet man übrigens auf www.muenchen-punk.de.

WO? Maßmannstraße 10

Anarchistische Bibliotheken haben in vielen ande-ren Städten eine lange Tradition. Sie wollen infor-mieren und einen Raum für Diskussionen bieten, vor allem rund um weniger massentaugliche, anti-autoritäre Themen. In München gibt es nun seit Kurzem die **ANARCHISTISCHE BIBLIOTHEK FREVEL**. Geöffnet ist das ehrenamtlich organisierte Projekt, das sich in einem Hinterhof im Schlachthofvier-tel angesiedelt hat, dienstags von 17 bis 21 Uhr und samstags von 15 bis 19 Uhr.

Eingang zum Neokeller.

WO? Zenettistraße 27
frevel.noblogs.org

Engagement

Eine Stadt lebt vom Miteinander, vom Engagement füreinander. Eine Möglichkeit, unkompliziert erst einmal für einige Stunden mit anzupacken, bietet die **DIAKONIA** rund um die Flüchtlingshilfe. Die gemeinnützige Gesellschaft in kirchlicher Trägerschaft versorgt geflüchtete Menschen in den Erstaufnahmeeinrichtungen mit Kleidung, Hygieneartikeln und sonstigen Dingen des täglichen Bedarfs. Man kann Zeit, Geld oder Sachen spenden – mit wenigen Klicks auf der Webseite weiß man, wo gerade eine helfende Hand fehlt und was am nötigsten gebraucht wird. Die Online-Anmeldung ist übersichtlich und rasch abgeschlossen. Die Diakonia engagiert sich noch in vielen weiteren Bereichen: Zum Beispiel versorgt sie Obdachlose mit Kleidung und betreibt mehrere Secondhand-Geschäfte, in denen Langzeitarbeitslose oder Menschen mit Handicap eine berufliche Perspektive finden.

WO? Dachauer Straße 192
www.diakonia-fluechtlinge.de

Beim wöchentlichen Informationsabend von **GUTE-TAT** bekommt man einen guten Überblick darüber, welche Engagements die Stiftung vermittelt; das Spektrum ist breit und erstreckt sich über fast alle sozialen Bereiche. Meist geht es um kürzere Einsätze, geeignet für alle, die sich bei einem sozialen Projekt engagieren möchten, ohne sich gleich langfristig zu binden. Persönliche Beratungstermine sind ebenfalls möglich.

WO? Ridlerstraße 31a, 1. Stock
www.gute-tat.de/standorte/muenchen

Die Freiwilligenagentur **TATENDRANG** berät persönlich – telefonisch oder in deren Büro – jeden, der sich ehrenamtlich engagieren möchte. Nach eigenen Angaben hat Tatendrang Informationen zu etwa 430 Sozialprojekten und Organisationen in München, die Unterstützung suchen. Durch das individuelle Matchmaking findet man rasch und ohne viele Umwege das passende Einsatzgebiet für sich.

WO? Liebherrstraße 5, Rückgebäude
www.tatendrang.de

kleidsam, ein Projekt der Diakonia.

Die jährliche **MÜNCHNER FREIWILLIGENMESSE** bietet ebenfalls eine sehr gute Gelegenheit, sich über Möglichkeiten des ehrenamtlichen Engagements zu informieren. Der Vorteil ist hier, dass sich circa 80 Vereine, Verbände und Initiativen präsentieren und als Aussteller anwesend sind. Ergänzt wird diese besondere Veranstaltung durch verschiedene Informationsangebote, Vorträge und Filme. Die Messe findet im Gasteig statt. Organisator ist die Förderstelle für Bürgerschaftliches Engagement, die auch mehrmals im Jahr am Infopoint der Münchner Stadtinformation zu freiwilligem Engagement berät.

WO? Rosenheimer Straße 5
www.muenchner-freiwilligen-messe.de

Genius Loci –
Siedlung Ludwigsfeld

Die Siedlung Ludwigsfeld steht auf einem Teil des ehemaligen Außenlagers Allach – eines von 169 Außenlagern, die zum Konzentrationslager Dachau gehörten. In Allach waren unter den bis zu 20.000 Häftlingen viele Zwangsarbeiter, die im nahegelegenen BMW-Werk Flugzeugmotoren montierten. Nach Kriegsende brachten die Alliierten hier Displaced Persons (die der Krieg zu Heimatlosen gemacht hatte) unter – als Übergangslösung, doch viele von ihnen blieben. So wurden auf dem Gelände ab 1952 weitere Baracken und einfache Wohnhäuser errichtet – über die Jahre entstand so eine Wohnsiedlung, die aus relativ niedrigen Häusern und großen Grünflächen mit alten Bäumen besteht. 2007 wurde das Areal vom Staat an ein Augsburger Immobilienunternehmen verkauft.

Erst ab etwa 1997 wurde die NS-Geschichte des Geländes einer breiteren Öffentlichkeit bekannt, auch durch den engagierten Einsatz vieler Anwohner. Denn das meiste, was auf die Historie hinweist, war abgerissen und die Flächen umfunktioniert worden; so nutzt heute zum Beispiel MAN Teile des ehemaligen Lagergebietes als Parkplatz. Seit 2007 steht die **LETZTE NOCH EXISTIERENDE BARACKE** unter Denkmalschutz – sie wird heute vom TSV Ludwigsfeld als Umkleidekabine genutzt. An der Rückseite des Gebäudes erinnert eine zweisprachige Gedenktafel an die Häftlinge, die hier ihr Leben fristeten.

WO? Granatstraße 8 und 10
www.siedlung-ludwigsfeld.de, www.kugel1986ev.com

Zwischen der Siedlung Ludwigsfeld und dem BMW-Werk, auf dessen Gelände die MTU, der Nachfolger von BMW, produziert, fließt das Schwabenbächl. Einst war hier eine **BRÜCKE, ÜBER DIE DIE ZWANGSARBEITER INS WERK GETRIEBEN WURDEN**. Jetzt stehen nur noch die Fundamente, die sich auf Höhe Kristallstraße 21 entdecken lassen würden, wenn man den Trampelpfad direkt am Bächlein entlanggehen dürfte – allerdings weisen immer noch Schilder, die vor Jahrzehnten aufgestellt wurden, darauf hin, dass das Betreten des Bachbereiches nicht erlaubt ist. Keine hundert Meter weiter, inmitten der Siedlung, befindet sich die sogenannte Rollschuhplatte, Reste einer asphaltierten Fläche, die ursprünglich der **BODEN EINER BARACKE DES KZ-AUSSENLAGERS** war und heute als Spielplatz genutzt wird.

WO? Bachufer auf Höhe Kristallstraße 21,
Bodenplatte hinter der Rubinstraße 13

Nach dem Krieg schufen die angesiedelten Bewohner sich ihre Gotteshäuser; sie gehörten verschiedenen Religionen an, daher gibt es heute in der Siedlung auch

Bodenplatte der ehemaligen Baracke.

eine katholische Kirche (Sankt Johann Nepomuk, Kristallstraße 7), die ehemalige evangelische Kirche, die von der Georgischen Orthodoxen Gemeinde genutzt wird (Heiliger Wachtang Gorgasali, Kristallstraße 6), eine russisch-orthodoxe Kirche (Kirche des hl. Erzengels Michael, Achatstraße 14), eine ukrainisch-orthodoxe Kirche (Hl. Apostel Petrus und Paulus, Granatstraße 1) sowie einen **BUDDHISTISCHEN TEMPEL DER KALMÜCKEN** – sogar der Dalai Lama war hier bereits zweimal zu Besuch. Der Tempel gilt als der älteste tibetisch-buddhistische Tempel Münchens, vielleicht sogar Deutschlands. Auf der Klingel steht KTB-Gesellschaft; die Möglichkeit eines Besuchs muss telefonisch angefragt werden.

WO? Rubinstraße 14
www.norbuling.de/vereinsgeschichte-der-kalmueckisch-tibetisch-
buddhistische-tempel

MTU produziert auch heute noch Flugzeugmotoren – am Werkseingang ist ein großes Triebwerk, das die Boeing 777 antreibt, in einem Glashaus ausgestellt. Hinter den Werkstoren kann man außen ein Kampfflugzeug sehen: Es ist der erste ausgemusterte Tornado-Kampfjet der Bundeswehr, der einem Unternehmen überlassen wurde. Die MTU hat ihn als »Anerkennung für jahrzehntelange Zusammenarbeit« erhalten. Auf dem Werksgelände gibt es auch das **MTU-MUSEUM**, das nur an bestimmten Tagen im Jahr zugänglich ist; die Ausstellung hat den Fokus auf Technik und zeigt Flugzeug-Motoren.

WO? Dachauer Straße 665
www.mtu.de/de/unternehmen/mtu-museum

Religiöse Stätten

Die Grenzkolonie Trudering liegt am südöstlichen Stadtrand – hier findet sich in einem Waldstück eine **MARIENSTATUE** in einer Art steinerner Kapelle, die der Grotte in Lourdes nachempfunden ist. Solche Andachtskapellen gibt es in ganz Europa. Die Truderinger Maria stammt aus dem Jahr 1932; damals eingeweiht von Kardinal Faulhaber, war sie Teil eines katholischen Walderholungsplatzes. Heute erleben wir hier einen Frömmigkeit ausstrahlenden, mystischen Ort, an dem viele Kerzen brennen und rund um die Grotte Bänke für Betende aufgestellt sind. An jedem Sonntag, der auf den 13. eines Monats folgt, wird hier um 15 Uhr der Rosenkranz gebetet.

WO? Höhe Fauststraße 80 (circa 50 Meter in den Wald)

Die Bezeichnung »**HAUS GOTTES**« hat sich für ein siebenstöckiges Büro-Gebäude aus Beton-Fertigteilen in Obersendling eingebürgert, das seine besten Zeiten hinter sich hat. Hier haben sich neben einigen »weltlichen« Firmen viele verschiedene religiöse Gruppen eingemietet. Wer die steilen Betontreppen hinaufsteigt, begegnet Etage für Etage dem Zentrum einer anderen religiösen Gruppierung. Ob es nun die Christ Embassy Church ist oder die islamische Gemeinde der Afghanen, die Iglesia de Dios, die Muslimische Vereinigung der Togolesen in Bayern oder die Holy Ghost Fire Revival Ministry; es gibt auch einen indischen Sikh-Tempel sowie, ganz oben, eine Moschee, die hauptsächlich von Irakern besucht wird. Nur wenige Orte in München präsentieren sich so lapidar weltoffen und tolerant wie dieses Gebäude, das von Bürokomplexen, Autohändlern und Bordellen umgeben ist.

WO? Machtlfingerstraße 10

In unmittelbarer Nähe der Blutenburg in Obermenzing steht das **KLOSTER DES HEILIGEN HIOB VON POČAEV**, das zur Russisch-Orthodoxen Kirche im Ausland gehört. Nach dem Ende des Zweiten Weltkriegs siedelten sich hier Mönche an, die aus Russland geflohen waren. Heute lebt eine Bruderschaft von etwa 10 Mönchen in der Hofbauernstraße, deren Tag um 4 Uhr morgens mit einem Gottesdienst beginnt; auch Erzbischof Mark, der russisch-orthodoxe Erzbischof der Auslandskirche von Berlin, Deutschland und Großbritannien, lebt hier.

Der L-förmige, einstöckige Bau wirkt einfach, doch allein das Auftreten der orthodoxen Mönche in ihren schwarzen Gewändern und langen Bärten wirkt feierlich. Eine Besichtigung der Kapelle ist auf Anfrage, unter Vorbehalt der Zustimmung der anwesenden Mönche, möglich.

WO? Hofbauernstraße 26
www.hiobmon.de

»Lourdes-Grotte« im Wald.

Das Liberale Judentum ist eine eigenständige religiöse Ausrichtung innerhalb der jüdischen Gemeinschaft. **BETH SHALOM** heißt die Liberale Jüdische Gemeinde in München, die in den 90er-Jahren gegründet wurde; sie arbeitet an einem Synagogen-Neubau im Lehel, als Architekt konnte Daniel Libeskind gewonnen werden. Es gibt bereits Skizzen, Pläne und Modelle; seit Jahren sammelt die Gemeinde, um die enormen Projektkosten zusammenzukriegen. Wenn das klappt, hat die Stadt München das Grundstück im Lehel zugesagt. Derzeit stehen hier Container, in denen eine Kindertagesstätte ihr Ausweichquartier hat.

Die Beth-Shalom-Gemeinde betet einstweilen in einem Sendlinger Zweckbau, dessen Adresse aus Sicherheitsgründen nicht veröffentlicht wird. Etwa alle drei Monate findet ein offener Gottesdienst statt, an dem Gäste nach vorheriger Anmeldung teilnehmen können (www.beth-shalom.de/gemeinde/besuch).

WO? Crusiusstraße / Am Gries
www.beth-shalom.de/spenden/fuer-die-synagoge/

Christlicher Glaube in der Stadt

In der Herzogspitalstraße, einen Steinwurf von der Neuhauser Straße entfernt, befindet sich das **KLOSTER DER SERVITINNEN**. Dem Backsteinbau (1955 auf den Ruinen einer alten Kirche erbaut) sieht man nicht an, dass sich hier seit über 290 Jahren ein Kloster befindet. Die schlichte Kirche mit ihrem weißen, fast schmucklosen Innenraum steht allen offen und ist über den Innenhof zu erreichen. In der Seitenkapelle steht eine Marienstatue, die den Zweiten Weltkrieg unbeschadet überstanden hat und Wallfahrer anzieht. Besonders interessant ist, dass die Servitinnen sich der sogenannten ewigen Anbetung verschrieben haben – durchgehend bei Tag und Nacht betet mindestens eine Schwester vor dem Allerheiligsten, aus Altersgründen werden sie von Laien unterstützt. Nach den Gottesdiensten öffnen die Schwestern ihr kleines Devotionalienlädchen, den Kloster-Kiosk, in dem sie auch selbst verzierte Kerzen verkaufen.

WO? Herzogspitalstraße 9
www.serviten.de/servitinnen_muenchen/anbetung.html

Die **MARIANISCHE MÄNNERKONGREGATION MARIÄ VERKÜNDIGUNG** am Bürgersaal zu München, 1610 gegründet, hat seit 1710 ihre Heimat in der Neuhauser Straße. Die sogenannten Sodalen sind Laien, die einander brüderlich verbunden sein sollen. 1778 wurde der Bürgersaal zur Kirche geweiht. Er ist aus verschiedenen Gründen einen Besuch wert: Die prunkvolle Oberkirche beeindruckt mit ihrer ungewöhnlichen rechteckigen Form; in der Unterkirche wurde vor dem Altar Pater Rupert Mayer beigesetzt, ehemaliger Präses der Kongregation und entschiedener Nazi-Gegner, der 1987 seliggesprochen wurde. Seine Büste ist von den vielen Berührungen durch Pilger glänzend gerieben. Es gibt auch ein Museum, in dem sich unter anderem die Schutzengelgruppe von (Franz) Ignaz Günther befindet, und im neugebauten Multifunktionsbau, der durch die Kapellenstraße zu erreichen ist, wird ein sozialer Mittagstisch ausgegeben.

WO? Bürgersaal, Neuhauser Straße 14
www.mmkbuergersaal.de

In einem Hinterhof unweit der Wittelsbacherbrücke steht ein Backsteingebäude: Es handelt sich um die **ST. MARTINSKAPELLE**, die auch das Zuhause des evangelischen Spirituellen Zentrums St. Martin ist. Es versteht sich als ökumenische »Anlaufstelle der spirituellen Übung und Begegnung« sowie als Zukunftswerk-

Die Abtei St. Bonifaz.

statt des Glaubens. Es hat sich dem Motto »Schweigen, Reden, Handeln« verschrieben. Neben der Martinsmesse, einem ungewöhnlichen Gottesdienst, der
ohne Predigt und im offenen Austausch stattfindet, werden hier Schweigeme-
ditationen ebenso wie Vorträge oder Filmvorführungen zu religiösen Themen
angeboten; darüber hinaus wirkt das Zentrum mit verschiedenen Sozialprojekten in die Stadt hinein.

wo? Arndtstraße 8, Rückgebäude
www.stmartin-muenchen.de

Die **BENEDIKTINER DER ABTEI ST. BONIFAZ** sind seit 1850 in der Karlstraße beheimatet. Schwer im Zweiten Weltkrieg beschädigt, wurde die zugehörige Basilika nur teilweise wieder aufgebaut. Die Mönche begreifen ihr Zuhause mitten
in der Stadt auch als Aufgabe und engagieren sich seit den 1990er-Jahren für Obdachlose; auf dem Klostergelände wurde daher 2001 das Haneberghaus errichtet,
in dem jährlich Tausenden von Menschen geholfen wird. Eine kleine Stiftsgärt-
nerei gibt es hier auch – sie liefert ihre Adventskränze jedes Jahr an den Vatikan;
normale Münchner dürfen hier aber auch einkaufen. Die Basilika St. Bonifaz
dient übrigens auch als Grablege für König Ludwig I. und seine Frau Therese;
die Grundsteinlegung ließ Ludwig I. zur Silbernen Hochzeit des Paares durch-
führen.

wo? Karlstraße 34
www.sankt-bonifaz.de

Kunst und Kultur

Schon wieder nicht in eine der Pinakotheken geschafft, auch nicht am Sonntag (da würde der Eintritt nur einen Euro kosten)? Macht natürlich nichts. Aber Kunst gehört zum Münchner Leben einfach dazu, was die zahlreichen Museen und Ausstellungsräume belegen. Manche Künstler bleiben unter dem Radar oder haben die Aufmerksamkeit einfach nie gesucht; für die anderen gibt es eine lebendige und international vernetzte Galerieszene. Obwohl dem Münchner Kunstmarkt der Ruf anhängt, zwar kaufkräftig zu sein, aber dennoch nicht in der ersten Liga mitzuspielen, gibt es hier auf jeden Fall viel zu entdecken – auch dank der mutigen und zum Teil jungen Galeristen.

Das kulturelle Leben bereichern zudem viele weitere Initiativen, die Musik, Literatur oder Theater in der Stadt fördern. So kann es eine Auseinandersetzung mit künstlerischen Positionen geben, und Kunst und Kultur leisten in ihren vielen Variationen einen Beitrag zu aktuellen Debatten. Die meisten Themen, die die Münchner bewegen, werden auch auf den Bühnen und in den Ausstellungen Münchens kritisch beleuchtet, diskutiert und manchmal natürlich belächelt.

Theater

Der Theaterverein **DRAMATISCHER CLUB ALPENRÖSERL E. V.** wurde 1922 gegründet und führt – mit einer Zwangspause von 1939 bis 1950 – seit jeher überwiegend bayerisches Volksschauspiel auf. Manchmal wagt man sich zwar auch an andere Gattungen, aber immer in bayerischer Mundart. Jedes Jahr studiert die Truppe aus etwa 35 Laienschauspielern zwei Stücke ein, die auf der eigenen Bühne in der Vereinsgaststätte des BSC Sendling aufgeführt werden. Die zehn Aufführungen sind stets ausverkauft, Karten müssen also rechtzeitig reserviert werden.

WO? Siegenburger Straße 49
www.alpenroeserl.de

Das **HOCHX** ist eine Spielstätte für Theater und verwandte Kunstgattungen, etwa aus den Bereichen Performance Art und Medienkunst. Außerdem mischt das HochX bei verschiedenen Festivals der Stadt München mit. Die Spielstätte will frei arbeitende Künstler unterstützen und vernetzen; das Programm ist jung und interdisziplinär. Über viele Jahre saß das i-camp/Neues Theater München in der Entenbachstraße, dieses wurde im September 2016 aber vom HochX unter neuer Intendanz abgelöst.

WO? Entenbachstraße 37
www.theater-hochx.de

Das Theaterfestival **RADIKAL JUNG** im Münchner Volkstheater fand 2005 zum ersten Mal statt; man wollte die Arbeit von Nachwuchs-Regisseuren präsentieren, auf ihre deutschsprachigen Inszenierungen aufmerksam machen und die Szene vernetzen. Inzwischen sind auch internationale und fremdsprachige Regisseure, Autoren und Produktionen involviert. Der Fokus liegt aber weiterhin auf Nachwuchs-Theaterarbeit – eine hochspannende Woche jedes Jahr im Frühling. Nebenbei bemerkt: Viele Münchner kennen das Festival zumindest von den auffallenden, oft provokativen Plakaten.

WO? Brienner Straße 50
www.muenchner-volkstheater.de/radikal-jung/das-festival

Performance im HochX.

Das **METROPOLTHEATER** hat seinen Sitz in einem alten Kino in Freimann, dessen charmanter 50er-Jahre-Look der Bühne noch immer anhaftet. Intendant ist seit der Gründung 1998 Jochen Schölch, der den Spielplan konsequent auf modernes Erzähltheater ausrichtet – mit kleinen Ausflügen in den Musical-Bereich (legendär ist die in ihrer Ästhetik an Tim Burton erinnernde Inszenierung »The Black Rider«). Das Metropoltheater gewann rasch eine treue Fangemeinde, die inzwischen über München hinausgeht. 2005 wurde es als bestes deutschsprachiges Off-Theater ausgezeichnet, das heißt als nur bedingt etabliertes Theater abseits der staatlich geförderten Pendants.

WO? Floriansmühlstraße 5
www.metropoltheater.com

Kleine Bühnen

Jeden Donnerstagabend öffnen sich in der Maxvorstadt die Türen des Keller-theaters **KLEINES SPIEL**. »Lassen Sie Ihre Kleinen lieber beim Babysitter« – denn: Hier wird zwar ausschließlich Marionettentheater gespielt, aber die Zielgrup-pe sind ausnahmslos Erwachsene. Die Inszenierungen reichen von bekannten Stoffen bis hin zu eigens für dieses Theater geschriebenen Stücken. Gegründet wurde das Theater 1947, seit 1956 ist es im Keller der Neureutherstraße behei-matet. Es gilt als Münchens ältestes Privattheater. Bei der Platzwahl gilt: First come, first serve. Es können vorab keine Karten reserviert werden – der Eintritt ist frei, nach der Aufführung wird aber in den Zylinder gespendet. In den Schul-ferien sowie während der Sommerpause finden keine Aufführungen statt; und Achtung, der Eingang befindet sich in der Arcisstraße.

WO? Neureutherstraße 12
www.kleinesspiel.de

Eine der größten öffentlich zugänglichen Lyrik-Bibliotheken Europas versteckt sich in einem Hinterhof in der Maxvorstadt. Im **LYRIK-KABINETT** wird die Samm-lung wichtiger Lyrikbände, quer durch alle Sprachen und Länder, fortlaufend ergänzt. Jeder darf kommen und stöbern. Mit etwa 30 Veranstaltungen jährlich wird hier Poesie in all ihren Facetten auf die Bühne gebracht, vom jungen Ta-lent bis zum bedeutenden Autor, ob auf Deutsch oder in anderen Sprachen. Die Lesungen und Themenabende finden im Hauptraum statt, sind in ihrem Fokus sorgfältig ausgewählt und geben den Zuhörern starke Impulse.

WO? Amalienstraße 83 a
www.lyrik-kabinett.de

Eigentlich eine Weinhandlung, die es schon seit 1931 gibt, für viele Stammgäs-te aber auch ein zweites Wohnzimmer – neben ausgesuchten Weinen, mit ei-nem Schwerpunkt auf Österreich, reicht **WEIN FELDMANN** nämlich auch frisch zubereitete Brotzeiten. Und das Besondere: Dieses kleine, gemütliche Nachbar-schaftslokal bietet mehrmals die Woche ein umfangreiches Kulturprogramm an. Kleinere Musik-Combos geben hier Konzerte und es finden auch Lesungen statt. Der Eintritt ist stets frei, im Anschluss geht ein Hut herum.

WO? Elvirastraße 11
www.wein-feldmann.de

Gemütliches Nachbarschaftslokal.

Inmitten von kleinen Reihenhäuschen in der Fasanerie werden Cowboys und -girls fündig: Der **RATTLESNAKE-SALOON** ist Münchens Country-Eldorado und ein Saloon, wie er im Buche steht. Die Einrichtung ist mehr als rustikal und die Stimmung, die hier vor allem auch durch die Besucher aus der Country-Szene entsteht, ist einmalig. Mindestens dreimal die Woche stehen Live-Konzerte auf dem Programm, von Country über Blues bis Rock 'n' Roll wird eine breite Mischung geboten, und es treten auch viele internationale Bands auf.

wo? Schneeglöckchenstraße 91
www.rattlesnake-saloon.com

Musik

Das Feierwerk ist eine feste Adresse im Münchner Musikleben – es unterstützt seit über 30 Jahren junge Musik, Kunst und Kultur. Teil des umfangreichen Kulturprogramms sind Festivals. Ob Reggae, Hardcore oder Worldbeats, viele Stile finden hier eine Bühne. Beim Festival **SOUND OF MUNICH NOW** treten um die 50 Bands, Künstler und DJs auf, dank Sponsoren ist sogar der Eintritt frei. Für Stammgäste des Feierwerks sowieso ein Pflichttermin, für alle anderen eine super Möglichkeit, das Gelände mit seinen vielen Locations kennenzulernen.

WO? Feierwerkgelände, Hansastraße 39–41

MUNICH ROCKS! ist eine Konzert-Reihe im Ampere (eine Halle auf dem Gelände des Muffatwerks). Etwa alle drei Monate treten hier gleich mehrere heimische Bands auf und nutzen die Chance, sich nicht nur ihren Fans zu präsentieren, sondern auch mal vor größerem Publikum zu spielen. Die Stimmung ist ausgelassen-fröhlich, außerdem ist der Eintritt frei! Eine gute Gelegenheit, sich in der Münchner Band-Szene umzuhören.

WO? Ampere im Muffatwerk, Zellstraße 4

Ja, es gibt in München sogar eine Veranstaltungsreihe namens **SO NOT BERLIN**. 2009 ins Leben gerufen als ironisch-trotzige Antwort an alle, die immer nur die Hauptstadt lobten: Geh doch nach Berlin, auf Wiedersehen! Seither veranstalten die Initiatoren regelmäßig ihre exzessiven Feiern und Konzerte und arbeiten auch als Booking Agentur. Aktuell finden die Elektro-Partys im kiddo in der Isarvorstadt statt.

WO? kiddo, Thalkirchner Straße 2
www.sonotberlin.com

Dreieinhalb Wochen im Sommer (Beginn meist um den 20. Juli herum) dient das **THEATRON**, die steinerne Seebühne hinter der Olympia-Schwimmhalle, als Kulisse für Münchens familiärstes Musikspektakel. Jeden Abend spielen dort mehrere Bands, oder es gibt klassische Musik auf die Ohren, und manchmal werden auch Kurzfilme gezeigt. Auf den von der Sonne aufgewärmten Stufen herrscht eine gemütliche Stimmung: Eltern können ihren Kindern zeigen, was Livemusik ausmacht – hier ist es etwas leiser als anderswo und der Bayerische

Das Theatron in den 1970er-Jahren.

Rundfunk verteilt Ohrstöpsel; junge Pärchen sitzen neben älteren Rockfans. Alle, die eben noch nicht nach Italien gefahren sind, feiern die Münchner Musikkultur. Dieses Festival gibt es bereits seit den 1970er-Jahren! Der Eintritt ist seit jeher frei. Alle Abende enden um 22 Uhr. Besonders schön wird es, wenn zweimal je Sommer ein Feuerwerk über dem See abgebrannt wird.

Die kleine Schwester des Festivals findet übrigens drei Tage lang rund um Pfingsten statt.

wo? Theatron, Coubertinplatz
www.theatron.net

Besondere Museen

Die **ZOOLOGISCHE STAATSSAMMLUNG** in Obermenzing beherbergt eines der größten naturkundlichen Archive der Welt. Alle Lebewesen der Erde sind in 14 Sektionen unterteilt; sie werden hier gesammelt und wissenschaftlich beschrieben. Große Tiere werden dabei meist durch präparierte Skelette und Felle repräsentiert. Vom kleinsten Käfer bis zum ausgestorbenen Quagga sind alle in der riesigen Sammlung vertreten. Die genaue Zahl der für die Forschung archivierten Tiere kennt jedoch niemand. Jedes Jahr im November gibt es einen Tag der offenen Tür, dann finden Vorträge, Führungen, eine Tombola und ein Kinderquiz statt. Das Gebäude ist zum großen Teil unterirdisch angelegt worden, um die Sammlung vor äußeren Einflüssen optimal zu schützen – daher mutet das Gelände der Sammlung leicht futuristisch an.

WO? Münchhausenstraße 21
www.zsm.mwn.de

Die Anatomische Anstalt in der Ludwigsvorstadt wurde in den Jahren 1905 bis 1907 erbaut – der erste Stahlbetonbau Europas besticht durch seine Kuppel und die bauchigen Vorbauten. Das architektonische Juwel wurde ab 2010 fünf Jahre lang grundlegend saniert und ist allein schon als Gebäude sehr beeindruckend. Vom prächtigen Eingangsbereich führt eine Tür zur **ANATOMISCHEN SCHAUSAMMLUNG**, die jeweils montags auch für Nicht-Studierende zugänglich ist. Hier kann man unterschiedliche Körperteile und -strukturen betrachten; viele Einzelpräparate, historische Modelle und Schnitte zeigen sämtliche Organe des menschlichen Körpers, hinzu kommen einige tierische Skelette.

WO? Pettenkoferstraße 11
www.uni-muenchen.de/einrichtungen/sammlungen/anatomische/
index.html

Das **LANDESAMT FÜR DIGITALISIERUNG, BREITBAND UND VERMESSUNG** im Lehel beherbergt einen Schatz: In seinem Keller befindet sich das größte Lithografiesteinarchiv der Welt. Als Bayern zum ersten Mal flächendeckend vermessen wurde, gravierte man die Karten auf Kalksteinplatten aus Solnhofen. So war es möglich,

Die Anatomische Anstalt.

Karten und Pläne zu vervielfältigen. Die 26.634 Teile der Steinbibliothek stehen seit 1980 unter Denkmalschutz und sind nur nach Voranmeldung zu besichtigen. Regelmäßig geöffnet sind zum einen die Druckhistorischen Werkstätten und zum anderen die Vermessungshistorische Ausstellung; dort wird gezeigt, wie sich Messgeräte und Zubehör von 1801 bis heute entwickelt haben.

WO? Alexandrastraße 4
www.ldbv.bayern.de/aktuell/galerie.html

In die sowieso schon beeindruckende Internationale Jugendbibliothek in Obermenzing sind gleich mehrere Museen integriert, darunter auch das **MICHAEL-ENDE-MUSEUM**. Seine Räumlichkeiten liegen heimelig unter dem Dach. Wer oben ankommt, findet neben persönlichen Gegenständen des Schriftstellers, wie Zeichnungen oder diverse Pfeifen, natürlich auch viele Bücher versammelt: die 30 Werke des Autors sowie deren Übersetzungen in rund 40 Sprachen. Die kleine Ausstellung ist auch deshalb sehenswert, weil nach Herzenslust in den Büchern gestöbert werden kann.

WO? Schloss Blutenburg
www.ijb.de/ausstellungen/single/article/michael-ende-museum/47.html

Galerien

Mit dem Bau der Pinakothek der Moderne und dem Museum Brandhorst hat sich der Begriff Kunstareal für das Museums- und Galerieviertel in der Max-vorstadt etabliert. Neben den bekannten Museen, Ausstellungshäusern und kulturellen Einrichtungen finden sich in den umliegenden Straßen kleine, un-bekanntere Galerien, die sich meistens in ehemaligen Ladengeschäften angesie-delt haben und unglaublich spannend sind.

Gut gelegen, eingereiht neben anderen ausgefallenen kleinen Läden, ist die **GALERIE VON JO VAN DE LOO** gegenüber des Museums Brandhorst. Neben zeitge-nössischer Kunst liegt ein Schwerpunkt des Programms auf Fotografie; zumeist in Einzelausstellungen werden junge, internationale Künstler einem breiten Pu-blikum sowie Sammlern und Kuratoren präsentiert.

Unweit von Jo van de Loo finden sich die Ausstellungsräume der Galerie Rü-diger Schöttle (Amalienstraße 41, Rückgebäude) und der Galerie Barbara Gross (Theresienstraße 56, Hof 1), die beide ein international beachtetes Portfolio von zeitgenössischen Künstlern und neuen Kunstströmungen aufzuweisen haben.

WO? Theresienstraße 48
www.galerie-jovandeloo.com

Ausschließlich auf junge, zeitgenössische Künstler aus Japan hat sich die **GALE-RIE MICHEKO** spezialisiert. Die zurückhaltenden Räumlichkeiten sind ebenfalls im Kunstareal zu finden; die hier ausgestellten Arbeiten sind meist zum allerers-ten Mal in Europa zu sehen.

Als thematische Ergänzung kann die Spezialgalerie von Monika Schmidt in der Schellingstraße 33 verstanden werden. Hier widmet sich ein Teil des Kunstantiquariats original japanischen Farbholzschnitten, Fächern, Blockbü-chern sowie japanischen Malereien aus dem 18. bis 20. Jahrhundert.

WO? Theresienstraße 18
www.micheko.com

Matthias Jahn studierte zunächst einige Semester an der Kunstakademie, ehe er ins Galeristenlager wechselte und seine **GALERIE JAHN** in einem schönen grünen Hinterhof in der Baaderstraße eröffnete. Seit 2008 zeigt die Galerie die Wer-ke eines relativ kleinen Kreises zeitgenössischer Künstler in wechselnden Aus-stellungen – vor allem Malerei, aber auch Bildhauerei sowie Installationen. So erfolgreich geglückt ist die Gründung vielleicht auch, weil der Vater des Gale-

Das Sperling-Team.

risten Fred Jahn selbst ein Urgestein des Münchner zeitgenössischen Kunsthandels ist und Künstler wie Lüpertz oder Baselitz vertritt; seine Galerie findet sich in der Maximiliansstraße 10.

WO? Baaderstraße 56 b, im Hinterhof
www.matthiasjahn.net

SPERLING hat einen besonderen Raum für zeitgenössische Kunst geschaffen: Am Regerplatz / Ecke Gebsattelstraße war über viele Jahrzehnte eine Apotheke. Per Zufall fanden die Galeristen Alwina Pampuch und Johannes Sperling das leerstehende Objekt. Durch die Renovierung entstanden dort ein heller, großer Hauptraum sowie einige kleinere Räume im Untergeschoss. Die Kunstszene hat das Viertel Obere Au bis jetzt eher übersehen, das wird sich mit Sperling ändern.

Apropos: Einen Unterschlupf hat hier auch schon die Edition Taube gefunden, ein Verlag für Künstlerbücher und limitierte Editionen.

WO? Regerplatz 9
www.sperling-munich.com

Graffiti & Streetart

Auch wenn Graffiti als urbane Verschönerungsaktion im Mainstream angekommen ist, die legalen Flächen in München sind sehr rar und es gibt nur
eine einzige Fläche, an der ohne Genehmigung gesprüht werden darf: in der
TUMBLINGERSTRASSE im Schlachthofviertel. Seit Jahren beklagt die Szene einen Notstand, denn nur mit einem offiziellen Auftrag, der im Tiefbauamt ein-
zuholen ist, duldet die Stadt Streetart auf wenigen ausgewiesenen Flächen. Die
Tumblingerstraße ist ein Synonym für künstlerische Entfaltung. An den Wänden in der Bahnunterführung treffen Münchens Sprayer zusammen. Da die Flächen heiß begehrt sind, muss die Halbwertszeit der künstlerischen Arbeiten in
Stunden angegeben werden. Kaum ist ein Sprayer fertig, zückt der Nächste seine Dosen. Das Übermalen der Wände hat zur Folge, dass der Sprühlack nicht
mehr auf dem Untergrund hält, unzählige Schichten haben das Mauerwerk bereits marode gemacht.

   An der Tumblingerstraße, ebenfalls im Schlachthofviertel auf dem alten
Viehhofgelände, haben im Rahmen eines Festivals bekannte Künstler der Szene eine 150 Meter lange und 8 Meter hohe Wand als Auftragsarbeit gestaltet.

WO? Tumblingerstraße 29,
Einmündung Ruppertstraße, in Richtung Unterführung

Eine der wenigen ausgewiesenen Flächen stellen die Brückenpfeiler unter der
Candidbrücke am **CANDIDPLATZ** in Giesing dar. Auf Initiative des Bezirksaus-
schusses wurde die Galerie MUCA für Urban and Contemporary Art in einer
Zusammenarbeit mit Kultureinrichtungen beauftragt, ein Gestaltungskonzept
für die Pfeiler unter der Candidbrücke umzusetzen. International bekannte
Streetartkünstler wie Case, das Streetart-Duo Herakut, mit Motiven zu aktuellen politischen Geschehnissen, und Klebebande aus Berlin haben hier eindrucksvolle Bilder auf den Brückenpfeilern geschaffen. Geht man an den Säulen
vorbei, Richtung Drumberg nach Süden, finden sich linker Hand zwei neue Arbeiten des Künstlers HNRX. Sein Markenzeichen: keine politischen Themen.
Sein Selbstverständnis: Künstler im öffentlichen Raum. Sein Motto: Save The
Wurscht.

WO? Candidplatz

Eine Arbeit von **HNRX**.

Die Arbeiten von vielen unbekannten Künstlern findet man an den Wandflä-
chen und Brückenpfeilern auf der Nordseite der **DONNERSBERGERBRÜCKE**. Seit
diese für Kunst im öffentlichen Raum freigegeben wurden, ist hier in den vergangenen Jahren eine eindrucksvolle Galerie an Bildern, Schriftzügen und Zei-
chen entstanden, die im Umfeld einer der meistbefahrenen Straßen Europas
einen starken Kontrast darstellen.

WO? Donnersbergerbrücke

Eine bekannte Auftragsarbeit der Stadt befindet sich in der Fußgänger-Unter-
führung an der **LUDWIGSBRÜCKE** (linkes Flussufer, flussaufwärts). Die Streetart-
Künstler Loomit aus München, die Os Gemeos und Nina aus Brasilien sowie
Shime aus Australien haben dort die Wände zur Fußballweltmeisterschaft 2006
mit Fußballmotiven und Themen aus der Münchner Stadtgeschichte bemalt.
Folgt man ab hier dem Isarradweg flussaufwärts, findet man auch eine Vielzahl
von illegalen Arbeiten an den Brückenpfeilern und Außenwänden der folgenden Brücken.

WO? Fußgängerunterführungen / Brückenpfeiler der Isarbrücken,
zwischen Ludwigsbrücke und Reichenbachbrücke

Independent Kunstraum

In München gibt es auch abseits der etablierten Institutionen und Galerien interessante Kunst. Verschiedene Initiativen bieten Künstlern Ausstellungsflächen und Entwicklungsmöglichkeiten, wollen aber vom Kunstmarkt unabhängig sein. Hierzu gehört auch der **KUNSTRAUM – VEREIN FÜR AKTUELLE KUNST UND KRITIK**. Er versteht sich als Plattform für junge, zeitgenössische Kunst; Konzeption und Organisation der Ausstellungen erarbeiten die Vorstände des Vereins ehrenamtlich – es gibt ein Rotationsverfahren, um möglichst ohne Hierarchien auszukommen. Jährlich finden hier etwa fünf Ausstellungen statt.

WO? Holzstraße 10, Rückgebäude
www.kunstraum-muenchen.de

In einem Hof in der Au steht ein winziges, etwas schiefes Hinterhaus, eine ehemalige Wäscherei. Dort betreiben vier junge Macher eine Mini-Galerie, das **CHANTALL**. Neben Ausstellungen finden auch Performances oder Lesungen statt. Zuvor war hier die Galerie »Prince of Wales« beheimatet, das Häuschen hat sich daher als »unabhängiger Raum der Kunstproduktion« längst einen Namen gemacht. Wer in die kleinen, verwinkelten Räume mit der engen Treppe eintritt, gibt sich einem abwechslungsreichen, spannenden Experiment hin.

WO? Kleines Haus im Hof, Ohlmüllerstraße 17
www.chantall.space

Die **FÄRBEREI** fördert speziell junge Künstler – sie wendet sich vor allem an Jugendliche und junge Erwachsene, die sie auf vielfältige Art und Weise unterstützt: Zum einen gehören Ausstellungsräume zur Färberei, in denen ihre Kunst gezeigt wird; zum anderen geben verschiedene Werkstätten den Künstlern in Arbeitskreisen und Seminaren Anleitung und Impulse. Das Spektrum ist sehr breit; einer der Schwerpunkte liegt auf Graffiti, hier bietet die Färberei Beratung, zum Beispiel in rechtlicher Hinsicht. Die Einrichtung in Trägerschaft des Kreisjugendrings München-Stadt liegt in einem schönen Hinterhof in Untergiesing, die Ausstellungen wechseln mehrmals im Monat.

WO? Claude-Lorrain-Straße 25, Rückgebäude
www.diefaerberei.de

Der Kunstpavillon.

Der **KUNSTPAVILLON** im Alten Botanischen Garten wurde 1937 errichtet, durch Bomben schwer zerstört, nach dem Krieg in Eigenregie vom Schutzverband bildender Künstler wiederaufgebaut und am 9. September 1950 mit der ersten Ausstellung wiedereröffnet; seither wird er von Künstlern selbst verwaltet. Es werden Ausstellungen zeitgenössischer Künstler und Kunststudenten präsentiert, außerdem arbeiten vor Ort bildende Künstler. Im Selbstverständnis der Künstler will der Pavillon Prozesse aufzeigen, als Forum für Diskussionen dienen und »Kultur auf eine andere Art vermitteln«.

wo? Alter Botanischer Garten, Sophienstraße 7 a
www.kunstpavillon.org

Kreativquartiere

Nordwestlich der Münchner Innenstadt, zwischen Dachauer und Schwere-Reiter-Straße, entsteht auf der Fläche der ehemaligen Luitpold-Kaserne ein neues, urbanes Stadtquartier. Bezeichnend für das **KREATIVQUARTIER DACHAUER STRASSE** ist das Konzept der behutsamen Weiterentwicklung. Bestehende Zwischennutzungen durch Ateliers, Werkstätten und freie Theater, wie zum Beispiel das Pathos-Transport-Theater, werden nach und nach um weitere kulturelle Institutionen sowie Wohnungs- und Gewerbeflächen ergänzt. Dieser Prozess wird sich noch einige Jahre hinziehen. Hier ändert sich immer wieder etwas; auch viele verschiedene Initiativen rund um Politik, Gesellschaft und Kunst sind vertreten. Mit dem städtischen Atelierhaus Dachauer Straße befindet sich auf dem Gelände auch eines von drei Atelierhäusern, in denen die Stadt Künstlern günstige Arbeitsräume zur Verfügung stellt.

Eine Empfehlung auf dem Gelände ist das Import Export, eine Kantine mit Kulturprogramm, die neben Abendveranstaltungen mit Barbetrieb unter der Woche warme Mittagsgerichte anbietet. Bei sonnigem Wetter sitzt man sehr schön im großzügigen Innenhof. .

WO? Eingang über die Dachauer Straße 112 oder Schwere-Reiter-Straße
www.labor-muenchen.org

Das ehemalige Kasernengelände, das heute unter dem Namen **DOMAGKPARK** geführt wird, wurde 2006 zum Zwecke des Wohnungsbaus vom Bund an die Stadt verkauft. Bereits in den Jahren zuvor waren die ehemaligen Kasernengebäude als Ateliers genutzt worden, die aber im Zuge der Erschließung des Geländes für den Wohnungsbau nach und nach abgerissen wurden. Heute befindet sich das städtische Atelierhaus im Domagkpark am Rand dieses neuen Stadtquartiers. Mit 101 Ateliers, die alle fünf Jahre neu an Münchner Künstler vergeben werden, sowie einem großen Ausstellungsraum zählt diese Einrichtung zu einem der größten kommunalen Atelierhäuser Europas. Einen Einblick in die junge Münchner Kunstszene kann man sich jeden dritten Sonntag im Monat verschaffen: Es gibt einen kostenlosen geführten Rundgang. Die Besucher sind eingeladen, in Interaktion mit den Künstlern zu treten. Einmal im Jahr ist das gesamte Atelierhaus offen, an drei Tagen wird zur Besichtigung der Räumlichkeiten und der aktuellen Ausstellungen eingeladen.

WO? Margarete-Schütte-Lihotzky-Straße 30
www.domagkateliers.de

Im Kreativquartier Dachauer Straße.

Das wohl jüngste Atelierhaus in München befindet sich auf dem Gelände einer ehemaligen Lodenfabrik im Münchner Norden. Gegründet von der Gruppe **SUPER+**, sind hier 50 Ateliers als Zwischennutzung entstanden. Die künstlerischen Projekte und Arbeiten reichen von Fotografie und Malerei über Visuals und Musik bis hin zu Mode und Produktdesign. Besonders empfehlenswert: ein Besuch des Marktes der UNHOLZER Ateliers in der Vorweihnachtszeit. Man kann die Ateliers besichtigen und wunderbare Geschenke erwerben.

Als Ausstellungsort betreiben die Veranstalter von super+ noch einen eigenen Kunstraum, der sich in zentraler Lage in der Münchner Maxvorstadt befindet: Der super+Centercourt in der Adalbertstraße 44. Dieser wird zum einen als Ausstellungsort für die Künstler des Atelierhauses genutzt, zum anderen aber auch für internationale junge Kunst, die in monatlich wechselnden Ausstellungen präsentiert wird.

WO? Feldmochinger Straße 7
www.superplusstudio.de, www.centercourt.gallery

Der **KULTURPARK MÜNCHEN**, eine private Initiative, die behutsam ein ehemaliges Firmengelände umgewandelt hat, findet sich in Milbertshofen. Die frühere Fabrik für Vulkanisiermaschinen Zängl ist seit Ende der 70er-Jahre ein Ort für Individualität, Ökologie und Kunst. Hier haben verschiedene Vereine, etwa die Gesellschaft für ökologische Forschung, die Münchner Volkshochschule sowie einige Firmen – wie das Münchner Wein- und Delikatessengeschäft Garibaldi – ein Zuhause gefunden, ein kleines Paradies inmitten von Wohnblocks.

Auf dem Gelände befindet sich auch La Casina, ein feines italienisches Restaurant, das dazu einlädt, in entspannter Atmosphäre Zeit an diesem schön gestalteten und gerade im Sommer wunderbar begrünten Ort zu verbringen.

WO? Frohschammerstraße 14
www.kulturpark-muenchen.de

Außergewöhnliche Kunstangebote

Das Münchner Künstlerhaus am Lenbachplatz glänzt mit einem reichhaltigen und abwechslungsreichen Kulturprogramm. Und es hält eine Besonderheit parat: die **LITHOGRAFIEWERKSTATT** – sie steht Künstlern gegen eine Gebühr zur Verfügung, die hier nahezu täglich an ihren Werken arbeiten. Zudem sind hier Stipendiaten der Steindrucktechnik tätig, deren Arbeiten auch ausgestellt werden. Besonders spannend: Sowohl für Erwachsene als auch für Kinder werden Einführungskurse in die Kunst und Technik der Lithografie angeboten; das erworbene Wissen kann im Anschluss in Aufbaukursen vertieft werden.

WO? Lenbachplatz 8
www.kuenstlerhaus-muc.de/programm/lithografiewerkstatt

Die Münchner **ARTOTHEK** wurde bereits 1986 gegründet und funktioniert analog zu einer Bibliothek: Man benötigt einen Ausweis (der 5 Euro Jahresgebühr kostet) und kann sich dann für ein, zwei oder vier Monate diverse Kunstwerke ausleihen – und das für gerade mal 3 Euro pro Monat je Stück! Aber Achtung, der Kunstliebhaber muss Versäumnisgebühren von 50 Cent pro Tag zahlen, wenn er die Leihgabe zu spät zurückgibt. Im Fundus der Artothek befinden sich über 1.800 Arbeiten von (überwiegend) Münchner Künstlern. Ein kleiner Teil der Sammlung wird wechselnd im Bildersaal der Artothek ausgestellt.

WO? Rosental 16
www.muenchen.de/artothek

Versteckt in einer Haidhauser Seitenstraße liegen die ehemaligen Produktionsräume einer Maschinenfabrik, in denen nun die **LOTHRINGER 13 HALLE** beheimatet ist – ein Ausstellungsort für Gegenwartskunst, der als eine Einrichtung der Stadt mit Blick auf das internationale Kunstgeschehen arbeitet. Auf dem Gelände finden sich neben der großen Halle für wechselnde Ausstellungen – der Eintritt ist stets frei – ein unabhängig bespielter Kunstraum namens Lothringer13_Florida sowie der Rroom. Letzterer versteht sich wahlweise als Kiosk, Café oder Buchhandlung mit einer sehr großen Auswahl an Kunst-Magazinen zum Schmökern und natürlich Kaffee und Kuchen – alles zu Non-Profit-Preisen.

WO? Lothringer Straße 13
www.lothringer13.com

Der Wannda Circus.

Der **WANNDA CIRCUS** nutzt brachliegende Flächen und zwi-
schengenutzte Orte für Elektro-Partys, Flohmärkte und Kultur-
veranstaltungen. Immer wieder an anderen Plätzen schlägt das
Wanndaland sein Lager auf: Ja, es ist irgendwie ein Zirkus, denn
Wannda findet in einem klassischen Zirkuszelt statt. Den Machern, die vor Enthusiasmus, Artistik und Kreativität nur so sprü-
hen, und die sich als Verein organisiert haben, kommt es mit ihrem
Wanndaland vor allem darauf an, Projekte, Ideen und Träume
ohne Aufschub zu verwirklichen – getreu ihrem Motto: »Wenn
nicht jetzt, Wannda'nn?«

Wannda-Zeit ist im Frühling und im Sommer, ehe mit dem
fröhlichen Abschlussfest mit Showeinlagen und elektronischer
Musik das Ende der Saison begangen wird.

WO? Völckerstraße 5
www.wannda.de

Individualisten

Flatz war über lange Zeit Münchens bekanntester Konzept- und Performance-künstler. Seine Kunst (»Fressen, Ficken, Fernsehen«), seine Auftritte (zum Beispiel mit Dogge Hitler) und sein Atelier auf der Praterinsel sind vielen Münchnern ein Begriff. Seit 1975 lebt Flatz jetzt schon in der Stadt, in die er ursprünglich zum Kunststudium kam.

2014 eröffnete er seinen Skulpturen-Dachgarten **HEAVEN 7** auf dem Kistlerhof-Gelände. Auf etwa 3.000 Quadratmetern hat Flatz unter freiem Himmel 23 Skulpturen aufgestellt, die durch Pfade miteinander verbunden sind; darunter eine Freiheitsstatue, die, genauso wie ein goldener Wohnwagen, bereits von der Straße aus sichtbar ist. Alle Werke und den Garten im Ganzen sieht aber nur, wer eine Führung mitmacht, denn Heaven 7 ist kein Museum, es ist ein »privates und äußerst persönliches Projekt«. Führungen finden jeden ersten Montag im Monat statt, eine vorherige Anmeldung unter heavenseven@atelier-flatz.net ist allerdings nötig.

WO? Kistlerhofstraße 70, Haus 60, 6. Stock
www.heaven7.flatz.net

Jedes Jahr im Juli wird ein besonderes Wochenende von der Agentur 84 GHZ – Raum für Gestaltung in Schwabing und der Maxvorstadt organisiert: Bei **KUNST IM KARRÉE** öffnen über 90 Künstlerinnen und Künstler ihre Ateliers; sie präsentieren neue Werke und treten in direkten Kontakt mit den Münchnern. Als Besucher begibt man sich mit einem speziell für dieses Wochenende gestalteten Plan auf Entdeckungsreise: Auf der Tour kann man viele Ateliers besuchen – aus reiner Neugierde oder auf der Suche nach spannenden Entwicklungen –, ungewöhnliche Arbeiten besichtigen und starken Persönlichkeiten begegnen. Schön ist auch der Auftakt von Kunst im Karrée am Freitagabend: Mit einem Straßenfest bei 84 GHZ in der Georgenstraße wird der Start ins Wochenende gemeinsam von Künstlern und Besuchern gefeiert.

WO? Georgenstraße 84
www.kunst-im-karree.de

Der Künstler Rupprecht Geiger arbeitete bis zu seinem Tod 2009 in seinem Atelier in der Muttenthalerstraße am Sollner Stadtrand. Geiger schuf mehrere große Werke im öffentlichen Raum in München, unter anderem ein Plattenmosaik am Hauptbahnhof (»hinter« der großen Uhr am Bahnhofsplatz). Er beschäftig-

Das Atelier Rosa.

te sich intensiv mit Farbe, unabhängig von der Form und Verwendung. Am bekanntesten sind seine Arbeiten mit der Farbe Rot. Im **ARCHIV GEIGER** widmet man sich den Arbeiten von Rupprecht Geiger sowie seines Vaters Willi. Besichtigt werden kann das ehemalige Atelier montags bei »Morgen Rot« sowie dienstags bei »Abend Rot«; sporadisch werden Führungen angeboten.

WO? Muttenthalerstraße 26
www.archiv-geiger.de

Der Bildhauer Hermann Rosa studierte in Prag und Dresden, ehe er nach dem Zweiten Weltkrieg mit seiner Familie nach München floh und hier an der Kunstakademie aufgenommen wurde. Er schuf relativ wenige, dafür aber sehr prägnante und beeindruckende Skulpturen. Rosas Lebenswerk macht aber noch mehr aus: Er hat in München mehrere Häuser – und zwar eigenhändig – gebaut. Sein dritter Bau war der radikalste: Das Tageslichtstudio am Englischen Garten. Das Gebäude ist im weiteren Sinne auch eine Skulptur aus Beton und Glas. Wer die Chance bekommt, das Haus zu besichtigen, sollte sie unbedingt ergreifen: Das **ATELIER ROSA** wird nur sporadisch für Veranstaltungen geöffnet oder kann für Präsentationen oder Shootings gemietet werden.

WO? Osterwaldstraße 89
www.atelierrosa.de

Im Archiv Geiger.

Kinder

Wie sieht eigentlich Kindheit in der Stadt aus? Kann man hier überhaupt Kinder großziehen? Aber ja, auch wenn das für viele Münchner Eltern bedeutet, dass sie ständig auf der Suche sind: Sei es nach einem Krippenplatz oder der nächsten Fußballwiese. Und wo gibt es Abenteuer zu erleben? Kinder erfahren und nutzen eine Stadt sowieso anders, als Erwachsene sich das vorstellen. Eine Pfütze wird zum See und eine Rolltreppe zum Abenteuerspielplatz. Da sind kommerzielle und durchdesignte Angebote doch eher fehl am Platz...? Na, komm, wir nehmen das Rad, schauen uns Tiere an – und machen ein bisschen Quatsch.

Einige der Tipps haben auch deshalb in dieses Buch gefunden, weil sie schon seit Generationen als prägend für das Aufwachsen in der Stadt empfunden und quasi von den Eltern an ihre Kinder weitervererbt werden. Übrigens: www.pomki.de ist die offizielle Webseite der Stadt für Kinder, hier lassen sich auch viele weiterführende Hinweise und Tipps für Veranstaltungen finden; beim Jugendinformationszentrum auf www.jiz-muenchen.de werden Jugendliche beraten und bekommen für sie passende Angebote vorgeschlagen.

Kinder an die Luft

Das Isarufer hinter dem Stauwehr Oberföhring ist ein kleines Kinderparadies. Unweit der Brücke, über die die Mittlere-Isar-Straße führt, versteckt sich halb im Wald, angrenzend an den EON-Sportplatz, ein **MOUNTAINBIKE-PARCOURS** für BMX- und Dirtbikes. Mit normalen Kinderrädern ist die Anlage zwar auch zu meistern, aber nur von wirklich erfahrenen Nachwuchs-Radlern. Ein großer Spaß und außerdem spannend ist es aber alleine schon, den zahlreichen erwachsenen Fahrrad-Künstlern zuzuschauen, die sich hier austoben. Ganz in der Nähe, ebenfalls nordöstlich des Stauwehrs Oberföhring, sind links der Isar **FEUERSTELLEN** angelegt. Hier lässt sich prima gemeinsam grillen: Stockbrot ins Feuer halten und Steine übers Wasser hüpfen lassen.

WO? Mittlere-Isar-Straße, Nähe Mauerkircherstraße

In München gibt es gleich zwei **KINDER- UND JUGENDFARMEN,** beide unter der Trägerschaft des Münchner Kinder- und Jugendfarm e. V. Der Eintritt ist kostenlos und für jedes Kinder- und Teenageralter ist etwas geboten. Hier werden Kaninchen, Enten, Bienen, Gänse, Schafe, Hühner, Ziegen, Ponys und Schweine versorgt; es wird gemeinsam Feuer gemacht und gegrillt. Regelmäßige Besucher dürfen für eine Woche die Pflege eines Tieres übernehmen. Es geht um Umwelt- und Tierthemen, aber auch um den gemeinsamen Spaß und die Übernahme von Verantwortung. Eine Farm ist in Ramersdorf, die zweite in Neuaubing.

WO? Görzer Straße 95 (Ramersdorf), Wiesentfelserstraße 59 (Neuaubing)
www.jugendfarm-muenchen.de

Wo Städtebauförderung auf den Spaß trifft, sich die Finger voll mit Erde zu machen: Der **FREILUFTSUPERMARKT** in Freiham ist für Klein und Groß ein Erlebnis. Reifes Gemüse darf (gegen eine Spende) selbst geerntet werden, es finden immer wieder Aktionen an der Ackerfläche statt, die mit aufgetürmten Strohballen eine kleine Alternativ-Stadt bildet. Der Charme liegt auch in den Begegnungen mit anderen Grün-Enthusiasten. In der Nähe: Die Freiluftbox, ein umgebauter Container, in dem Gemüse von benachbarten Landwirten verkauft wird. Auch hier ist immer wieder was los, ob das Aloha Wanderwelt Café Station macht oder zum Sommerfest Livemusik erklingt.

WO? Wiesentfelser Straße
www.freiluftsupermarkt.de

Im Mountainbike-Parcours.

Einen königlichen Kinderspielplatz gibt es natürlich im Schlosspark Nymphenburg: Der **KRONPRINZENGARTEN** wurde für
den kleinen Ludwig I. angelegt. Auch wenn es hier »nur« einen
meist verschlossenen Pavillon, einen Teich und ein Brücklein zu
sehen gibt, ist dieser Teil des Parks eine schöne, idyllische Stelle, um sich auszuruhen, (verbotenerweise) ein bisschen im Wasser zu planschen und Quatsch zu machen. Er befindet sich gleich
nach dem Schloss auf der linken Seite. Folgt man dem Weg in den
Park dann weiter in Richtung Badenburg, sieht man am südlichen
Kanal direkt an der Brücke eine alte, sehr hohe Linde stehen. In
ihren Baumhöhlen kann man mit etwas Glück Waldkäuze entdecken – gut hinschauen, sie tarnen sich perfekt. Eine der Eulen hat
von den Parkbesuchern sogar schon einen Namen bekommen: Sie
heißt Kasimir und sitzt hier sehr gern und oft.

wo? Schlosspark Nymphenburg

Kulturevents für Kinder

Jonglieren, Akrobatik, Einradfahren oder Balancieren – Kunststücke wie diese lernen Kinder beim **ZIRKUS TRAU DICH**! Er steht allen Kindern von 5 bis 15 Jahren offen, trainiert wird außerhalb der Schulferien einmal die Woche im Gemeindesaal der Kirche St. Matthäus am Sendlinger Tor. Die Teilnahme ist kostenlos und ein Einstieg prinzipiell jederzeit möglich – nur wenn die nächsten Aufführungen nahen, stehen die Proben dafür im Vordergrund. Vertiefende Kurse sowie Ferienworkshops bietet der Verein ebenfalls an – diese finden dann im ErlebnisKraftwerk Kulti-Kids am Ostbahnhof statt.

WO? Nußbaumstraße 1
www.zirkus-trau-dich.com

Im Frühjahr, meist Anfang März, verwandelt sich München für neun Tage in eine erlebnisreiche Lesestadt für Kinder und Jugendliche: Im Rahmen der **MÜNCHNER BÜCHERSCHAU JUNIOR** werden im Stadtmuseum etwa fünftausend neuerschienene Bücher und Medien präsentiert, in die man hineinlesen oder die man ausprobieren kann; dazu kommt ein buntes Veranstaltungsprogramm, darunter Lesungen, Verlagsbesuche oder Führungen.

WO? Stadtmuseum, St.-Jakobs-Platz 1
www.muenchner-buecherschau-junior.de

MINI-MÜNCHEN ist schlicht – legendär! Die Spiel-Kinderstadt gibt es bereits seit 1979. Alle zwei Jahre zu Beginn der bayerischen Sommerferien spielen täglich bis zu 2.500 Kinder zwischen 7 und 15 Jahren bei diesem Stadt-Spiel mit, in dem es ums echte Leben geht: Es werden Arbeits- oder Studienkarten beantragt, im Handwerkerhof oder in der »Fetten Sau« gearbeitet, Häuser gebaut, im Rathaus Regeln diskutiert und Entscheidungen getroffen. Erwachsene bekommen noch nach Jahrzehnten leuchtende Augen, wenn man über Mini-München spricht und schicken ihre eigenen Kinder so bald wie möglich ebenfalls dort hin.
Mini-München wechselt sich im Zwei-Jahresrhythmus mit dem Ferienprogramm Kunst & Krempel ab, das für jeweils zwei Wochen in den Sommerferien im Olympiapark stattfindet (www.kulturundspielraum.de).

WO? Lilienthalallee 29
www.mini-muenchen.info

MINI-MÜNCHEN

Legendäre Spiel-Stadt.

In den Sommermonaten gibt es speziell für Familien spannende **ABENDFÜHRUNGEN IM BOTANISCHEN GARTEN**. Außerhalb der Öffnungszeiten kann man das vertraute Gelände in einer ganz anderen Stimmung erleben. Die Gruppen werden von einer Diplom-Biologin geführt; das empfohlene Alter der Kinder ist ab 6 Jahren. Achtung: Die Karten für die Führungen können nur im Vorverkauf an der Hauptkasse erworben werden.

Auch in allen anderen Monaten des Jahres bietet der Botanische Garten Familienführungen und ein spezielles Kinderprogramm an. Ein weiterer Höhepunkt ist das jährliche Sommerfest mit Livemusik und Kunst sowie »Basteln und Botanik«.

wo? Menzinger Straße 61
www.botmuc.de/de/veranstaltungen/kinderprogramm.html

Tiere in der Stadt

Der **HIRSCHGARTEN** ist ein schöner Park mit tollen alten Bäumen, in dem auch einiges für Kinder geboten ist: Es gibt mehrere Spielplätze, viel Platz, um sich auszutoben, einen Mini-Weiher sowie einen Skatepark für die Größeren. An den Biergarten im Park schließt sich ein Wildgehege an, in dem Damhirsche und Mufflons gehalten werden, die man füttern darf; daher alte Äpfel oder Gemüsereste einpacken (Spaghetti zu füttern, ist inzwischen verboten!). Der Biergarten ist einer der größten in München, was ihn aber nicht weniger gemütlich macht.

WO? Hirschgarten 1

Am und im **NÖRDLICHEN ENGLISCHEN GARTEN** kann man an mehreren Stellen Tiere beobachten: Gegenüber der Wirtschaft Sankt Emmeramsmühle ist zum Beispiel eine Weidefläche für Ziegen und Schafe – Eltern können hier eine Runde im Wirtsgarten sitzen, während die Kinder sich die Tiere anschauen. Geht man anschließend von der Wirtschaft über die Isarkanal-Brücke in Richtung Englischer Garten, kommt gleich ein schöner, großer Spielplatz, der an einem kleinen Teich liegt. Hier schlüpfen jedes Jahr (ungefähr im April) viele, viele Kaulquappen, die man sehr gut beobachten kann (Mitnehmen ist allerdings strengstens verboten und gehört sich sowieso nicht!).

Den ganzen Juli über grast zudem eine Schafherde in diesem Teil des Englischen Gartens. Bei dem in ihrer Nähe stattfindenden Programm »Auf zu neuen Schafen!« der Pädagogischen Aktion SPIELkultur e. V. wird Wolle gewaschen, Feuer gemacht und mit etwas Glück ein Lämmchen gestreichelt. Auf www.spielkultur.de/auf-zu-neuen-schafen findet man die aktuellen Koordinaten der Schafe.

WO? St. Emmeram 41

Über eintausend exotische »Haustiere« kommen im Jahr in die **REPTILIENAUF-FANGSTATION**: Königspythons, Landschildkröten und viele andere Kriechtiere. Führungen finden etwa einmal im Monat statt; hierfür muss man sich nur vorher telefonisch oder per E-Mail anmelden. Es verspricht ein spannender Ausflug zu werden, da viele verschiedene Tiere zu sehen sind, die noch dazu oft eine abenteuerliche Geschichte hinter sich haben. So mancher große oder kleine Besucher denkt dann auch nochmal darüber nach, ob ein Haustier wirklich so eine gute Idee ist... Die Station nimmt übrigens auch exotische Säugetiere auf, wie zum Beispiel Äffchen oder Luchse. Diese kommen aber ins Exotenhaus auf dem

Hirsche beim Biergarten.

Gelände des Münchner Tierheims (Riemer Straße 270), wo sie ebenfalls besucht werden können.

wo? Kaulbachstraße 37
www.reptilienauffangstation.de

Aus der **UNIVERSITÄTS-REITSCHULE** kommen die Reiter, die man im Englischen Garten auf den speziellen Reitwegen beobachten kann. Wer zur Reitschule in die Königinstraße geht, kann sich den Schulbetrieb anschauen und viele Pferde bestaunen; diese werden hier oft für Ausritte oder Schulstunden vorbereitet. Der Zugang zur Schule befindet sich links vom gleichnamigen Lokal, hier führt eine Autorampe relativ steil nach unten. Dort angekommen, geht man rechts ums Gebäude herum, wo die Ställe und Übungsplätze beginnen. Sofern der Zutritt möglich ist – bitte mit dem Personal absprechen –, trifft man an der nächsten Ecke auf eine Tür, dahinter führt eine Treppe in den ersten Stock zu einer Art Galerie: Von hier aus kann man den Reitern bei ihrem Training zusehen.

wo? Königinstraße 34
www.uni-reitschule-muenchen.de

Ahoi

Das Seehaus Hinterbrühl (nicht zu verwechseln mit dem gleichnamigen Gasthof) verleiht Ruderboote, mit denen man dann auf dem niedlichen, idyllischen **HINTERBRÜHLER SEE** herumschippern kann. Beim zugehörigen Kiosk gibt es den Proviant für die Schiffsbesatzung; Landratten können am Brücklein über den Ländkanal im Sommer den Floßfahrern auf ihrer letzten Etappe zusehen, ehe sie an der Floßlände aussteigen.

WO? Conwentzstraße 1

Wer auf dem künstlich angelegten **OLYMPIASEE** rudern geht, dem bietet sich ein schöner und ungewohnter Blick auf die olympischen Bauten. Der Bootsverleih am See hat neben Tret- und Ruderboten auch ein einziges Schwanenboot im Angebot, vielleicht als kleinen Gruß an König Ludwig II., der sich einst auf dem Dach der Münchner Residenz einen Wintergarten mit künstlichem See anlegen ließ, um sich darauf in einem Schwanenboot treiben zu lassen.

WO? Olympiapark, Roopsingh-Bais-Weg

Auch im Englischen Garten gibt es einen Ruderboot-Verleih, und zwar am **KLEINHESSELOHER SEE**. Ein kleines Quiz vertreibt die Zeit beim Paddeln: Wie viele Inseln gibt es im See und wie heißen sie? Antwort: Drei. Die Königsinsel, die größte, in der Mitte des Sees; die Kurfürsteninsel, im Westen, gegenüber vom Bootsverleih; und die Regenteninsel, die kleinste der drei, im Süden.

WO? Englischer Garten, Kleinhesselohe 2

Ob Kanufahren, Stand-up-Paddeln, Tauchen oder Drachenbootrennen – die Fülle an unterschiedlichen Wassersportarten steht im Mittelpunkt beim **KANU & OUTDOOR TESTIVAL**: Verschiedene Verbände, Vereine und Firmen laden gemeinsam zu dieser kostenlosen Veranstaltung ein, die unter dem Motto »Ausprobieren und Spaß haben« stattfindet. Ein umfangreiches Rahmenprogramm im Trockenen ist auch geboten; es wird geklettert, durch einen Rollstuhlparcour gedüst oder auf sogenannten Inliner-Ponys gecruist.

WO? Regattastrecke Oberschleißheim
www.kanu-outdoor-testival.de

Auf dem Olympiasee.

Kleinkinderprogramm

Die **SEIDLVILLA**, das Haus für Schwabinger Kultur, hat einen wunderschönen Garten, der für jedermann offensteht und nur wenige Meter vom Trubel der Leopoldstraße oder des Englischen Gartens entfernt einen Ort der Ruhe bietet. Es ist ein Platz, um die Kleinen zu füttern oder krabbeln zu lassen; es gibt auch einige Tische, an denen man ungestört seine mitgebrachte Brotzeit verzehren kann und darf. Das Selbstbedienungs-Café stillt die restlichen Bedürfnisse, zum Beispiel nach frischem Kaffee, und für die größeren Geschwister fliegen in einer Gartenecke die Bienen eines Stadtimkers, der von Mai bis Oktober freitags um 15 Uhr auch genau erklärt, wo der Honig herkommt. In unmittelbarer Nachbarschaft lockt Alles Wurscht mit Currywurst und einem lauschigem Hof (Nikolaiplatz 3) – hierhin kann man auch ausweichen, wenn im August die Seidlvilla wegen Sommerpause geschlossen hat.

WO? Nikolaiplatz 1 b
www.seidlvilla.de

In der Nähe vom Goetheplatz im **CAFÉ NETZWERK** wird täglich frisch zubereitetes Mittagessen serviert, es gibt jede Menge Hochstühle, sogar Babyliegen und auch eine große Spielecke. Das Netzwerk steht für die Idee, Eltern mit kleinen Kindern zusammenzubringen – und sie auf Wunsch zu beraten, denn in der Häberlstraße 17 sitzt unter anderem auch die Beratungsstelle für Natürliche Geburt und Elternsein, mit der das Café zusammenarbeitet. Als sozialer Betrieb beschäftigt das Netzwerk außerdem viele zuvor langzeitarbeitslose Frauen. Insgesamt ein schöner und gemütlicher Ort, um einen entspannten Vormittag mit den Kleinen zu verbringen.

WO? Häberlstraße 17
www.nguf.de/cafe-netzwerk

In einer ruhigeren Ecke des Glockenbachviertels haben die Evangelisch-Freikirchlichen Baptisten ihre Kirche und im Rückgebäude ihr Gemeindezentrum. Hier findet von Oktober bis März eine ehrenamtliche Initiative der Gemeindemitglieder statt: der **WINTERSPIELPLATZ** München für Kinder bis 3 Jahre. Es gibt mehrere Spielzonen, wie etwa die Holzeisenbahn und den großen Bewegungsbereich; für die Erwachsenen gibt es ein Café, in dem man auch mitgebrachtes Essen verzehren darf. Der Eintritt ist frei, die Organisatoren bitten allerdings um eine Spende, um das Spielmaterial in Schuss zu halten. Einzi-

Der Garten der Seidlvilla.

ge Bedingung, um nach Herzenslust zu spielen: Hausschuhe oder Rutschsocken auf dem beheizten Marmorboden. Der Einlass ist auf 70 Kinder und 70 Erwachsene beschränkt – was gut ist für alle, die schon drin sind, denn es droht keine Überfüllung und die Stimmung bleibt gemütlich. Geöffnet ist dreimal die Woche.

WO? Holzstraße 9
www.winterspielplatz-muenchen.de

Das **CAFÉ GLANZ** gehört zum Verein siaf e. V., der zahlreiche Angebote speziell für Frauen macht. Das Café ist eine Anlaufstelle für Mütter mit ihren Kindern bis 6 Jahre; hier können sie bei Bedarf von einer Erzieherin Beratung bekommen oder sich zu einem der zahlreichen Kurse anmelden. Vor allem aber kann man es sich gemütlich machen und mit anderen Müttern ratschen, während die Kinder das Spielzimmer auskundschaften. Es gibt hausgemachten Kuchen und Mittagessen zu günstigen Preisen.

WO? Sedanstraße 37
www.siaf.de/cafeglanz.html

Schlechtes Wetter

Schlechtes Wetter? Kino ist ja immer eine gute Idee. Gute Kinderfilme ohne kommerziellen Druck findet man zum Beispiel beim **VEREIN KINDERKINO MÜN-CHEN E.V.**, der immer freitagnachmittags im Vortragssaal der Stadtbibliothek im Gasteig einen Film zeigt. Das Programm ist unterhaltsam, vielfältig und vor allem: Es nimmt Kinder ernst. Manchmal kommen sogar die Regisseure zu den Vorführungen; außerdem dürfen die Kinder mit abstimmen, was gezeigt wird.

WO? Rosenheimer Straße 5
www.kinderkino-muenchen.de

Im **PALÄONTOLOGISCHEN MUSEUM** warten Fossilien auf große Kinderaugen: lebendgebärende Fischsaurier mit Embryonen, Riesenflugsaurier und vieles Versteinerte mehr, wie etwa das Fossil des Monats! Das Museum ist Teil der Bayerischen Staatssammlung für Paläontologie und Geologie, die wissenschaftlich tätig ist – weshalb auch ein akademisches Zusatzprogramm angeboten wird.

Geöffnet ist an jedem ersten Sonntag im Monat von 10 bis 16 Uhr. Forscher des Hauses bieten Führungen an und es gibt ein Kinderquiz. Ansonsten hat das Museum »nur« Montag bis Freitag geöffnet, dafür aber schon ab 8 Uhr.

WO? Richard-Wagner-Straße 10
www.palmuc.de/bspg

Indoor-Event-Spielplätze gibt es in und um München inzwischen einige; das **ERLEBNISKRAFTWERK KULTI-KIDS** verspricht aber ein ganz besonderes Austob-Abenteuer: Das ehemalige Heizkraftwerk der Pfanni-Fabrik wurde nach seinem Umbau vom Verein Kulti-Kids e.V. zur gemeinnützigen Einrichtung umfunktioniert, deren Ziel es ist, »Kindern und Jugendlichen eine attraktive und sinnvolle Alternative zu hochpreisigen Kinderbetreuungseinrichtungen« zu bieten. Unter der Woche sind die rund 800 Quadratmeter überwiegend von Initiativen belegt; der offene Spielbetrieb findet Freitagnachmittag und am Wochenende zu Schnäppchenpreisen statt. Eigene Getränke dürfen nicht mitgebracht werden.

WO? Grafinger Straße 6 (Kultfabrik)
www.kulti-kids.org

Das ErlebnisKraftwerk Kulti-Kids.

Kasperltheater kann für Kinder ja eine zwiespältige Erfahrung sein. Nicht so bei **DOCTOR DÖBLINGERS GESCHMACKVOLLEM KASPERLTHEATER**. Die Stücke sind münchnerisch-bayrisch im besten Sinne: Subversiver Humor mischt sich mit fröhlichem Quatsch; Spannung für die Kinder, hintergründige Scherze für die Erwachsenen, viel Musik und liebevoll gearbeitete Puppen – das alles mischt sich zu einem Potpourri, das seinesgleichen sucht. Die Bühne spielt von Oktober bis April jeden Sonntag zweimal nachmittags im theater ... und so fort in der Maxvorstadt. Eine telefonische Reservierung wird unbedingt empfohlen, denn die Fangemeinde wächst von Jahr zu Jahr; die Stücke gibt es übrigens auch als Hörfassungen auf CD.

Im Paläontologischen Museum.

wo? theater ... und so fort,
Kurfürstenstraße 8
www.dr-doeblingers-kasperltheater.de

Freiräume

Hamburg ist viel grüner als München. Und überhaupt wird es hier immer voller. Mag sein. Sobald die Sonne scheint, will in München schließlich jeder nach draußen.

Aber keine Sorge, es gibt so viele kleine und große Ruheoasen, da ist für alle etwas dabei und auf jeden Fall auch genug Platz. Es gibt Stille an Orten, an denen man sie nicht vermuten würde; Plätze mit besonderer Ausstrahlung und Wälder, in denen man sich sogar verlaufen kann. Münchner waren schon immer erfinderisch darin, sich ihren eigenen Freiraum zu suchen: Sie schlagen versteckte Wege ein oder pflanzen kleine Gärten. Auch mitten in der Stadt kann man im Grünen sein, am Wasser sitzen und das Wetter spüren. Und die Natur sucht sich ihre Lücken und erobert etwa Brachen zurück. Die folgenden Tipps sind auch eine Einladung zur Entschleunigung: dazu, den Blick schweifen zu lassen und auf Erkundungstour zu gehen – im Spannungsfeld zwischen Natur und Urbanität. Am besten mitnehmen: eine Decke und ein gutes Buch. Und wenn dann die Sonne über der Stadt langsam untergeht, kann man ihr von ein paar ganz besonderen Plätzen aus einfach dabei zusehen.

FREIRÄUME

Kleine Ruheoasen

Die Villa Stuck liegt an einem trubeligen Eck in Bogenhausen; an der Kreuzung von Prinzregentenstraße und Ismaninger Straße ist immer viel Verkehr. Aber diesem ist man schnell entflohen, denn im **KÜNSTLERGARTEN** herrscht idyllische Ruhe. Man erreicht ihn ganz einfach, indem man nach Betreten des Museums geradeaus in Richtung Café geht. In dem von der Außenwelt abgeschirmten Garten erzeugen Skulpturen, Abgüsse und strenge Geometrie eine besondere Atmosphäre. Wer sich auf die Terrasse mit einem guten Buch zurückzieht, der hat schnell seine Ruheoase gefunden. Betrieben wird das Café von Feinkost Käfer. Um das Café zu besuchen, muss kein Museumseintritt bezahlt werden.

WO? Prinzregentenstraße 60
www.villastuck.de

Der zum Teil schummrige **GARTEN DES ALPINEN MUSEUMS** auf der Praterinsel ist (auch) für Familien sehr geeignet, weil er so schön ruhig ist und es trotzdem viel zu entdecken gibt. Die Kinder können sich zum Beispiel auf einem Kletterfelsen erproben. Der Eintritt in den Garten ist kostenlos, auch wenn er Teil des Museums ist. Unter anderem wird eine ausgediente Schutzhütte ausgestellt. Das zugehörige Café Isarlust des Museums versteckt sich fast zu sehr: Obwohl das Haus so nah an der Isar und der Stadt liegt, ist es hier gemütlich ruhig und der Andrang hält sich in Grenzen. Das Angebot reicht von Kuchen (aus dem Ruffini) bis zu Schmankerln (von der Albert-Link-Hütte am Schliersee).

WO? Praterinsel 5
www.alpenverein.de

Die Glyptothek hat Fangemeinden mit ganz unterschiedlichen Interessen: Die einen sitzen vor dem Gebäude auf den großen Blöcken des Fundaments und sonnen sich; die anderen besuchen das Museum und bestaunen die antiken Skulpturen; die Dritten gehen auch hinein, aber vorrangig um das **CAFÉ DER GLYPTOTHEK** zu besuchen. Es ist im Saal VIII und bespielt auch den Innenhof: Unter weißen Sonnenschirmen sitzt man hier sehr bequem, an den Wänden rankt der Wein und die Stadt ist weit weg. Wir sind für einen Moment in Griechenland und genießen den Vorspeisenteller. Tipp: Wer nur ins Café möchte, zahlt für den Durchgang dorthin nur einen Euro. Wer Stammgast wird, kann auch eine Café-Zugangs-Jahreskarte erwerben.

WO? Königsplatz 3
www.antike-am-koenigsplatz.mwn.de/de/glyptothek-muenchen.html

Künstlergarten der Villa Stuck.

Im Museum Mensch und Natur versteckt sich die **CAFÉBAR LIMULUS**: Was früher eine eher dröge Museums-Kantine war, ist heute ein gemütlicher, schön eingerichteter Wohlfühl-Ort geworden. Der Zugang zum Café ist auch außerhalb eines Museumsbesuchs möglich. Bei schönem Wetter empfiehlt es sich, die Freifläche, die zum Café gehört, aufzusuchen; der Eingang versteckt sich hinter den Garderobenschränken. Unter quadratischen Schirmen hinter dem Schloss sitzend kann man hier die Seele baumeln lassen. Ab 10 Uhr ist das Café geöffnet und es gibt auch eine Frühstückskarte.

WO? Schloss Nymphenburg 1
www.cafebar-limulus.de

Höfe und Passagen

Insbesondere in der Altstadt gibt es viele Passagen und Höfe, die von Passanten genutzt werden dürfen und als nette Schleichwege oder als Abkürzungen dienen – hier versprechen sich außerdem interessante Blicke hinter die Kulissen der Stadt. Sehr alte Bausubstanz gibt es zum Beispiel im Innenhof der **PLATZL-GASSEN** zu sehen; der Eingang ist in der Pfisterstraße 6, im Innenhof plätschert ein Springbrunnen, die Atmosphäre wechselt vor den Augen des Flaneurs plötzlich von touristisch-turbulent zu heimelig und fast mittelalterlich. Angeblich sollen hier bis zur Olympiade 1972 Prostituierte gearbeitet haben, wovon die Spider Murphy Gang in ihrem Hit »Skandal im Sperrbezirk« singt.

WO? Pfisterstraße 6

Einen Passagen-Rundgang kann man gut am Marienhof starten: Von der Theatinerstraße führt die **BETTEN-RID-PASSAGE** zur Perusastraße. Hier schließt sich die **PERUSAPASSAGE** an, die sich in einen Innenhof öffnet, von dem zwei Passagen abgehen: zum einen die **EILLES-PASSAGE** (die sich im Eilleshof befindet, dessen Ursprünge aus der Zeit um 1560 stammen), zum anderen die **RESIDENZPASSAGE**, die man rechter Hand in der Residenzstraße wieder verlässt – um wenige Meter weiter nördlich in die **THEATINER PASSAGE** einzubiegen (Residenzstraße 23). Der Komplex entstand erst um 1957 und beherbergt auch das Theatiner-Filmkunst-Kino, dessen Interieur weitestgehend im Original erhalten ist. Am Ende der Theatiner Passage im Westen steht man vor dem Eingang zu den **FÜNF HÖFEN**. Hier kann man durch Viscardihof, Salvatorpassage und Maffeihof immer weiter südlich bis zur Maffeistraße laufen – diese querend geht es weiter durch den **SCHÄFFLERHOF** in die Schäfflerstraße; dort gibt es einen Durchgang zur Frauenkirche. Durch die Albertgasse kommt man wieder am Marienhof an.

WO? Theatinerstraße 47 (Beginn des Rundgangs)

Fußgänger vermeiden die Sonnenstraße gern – zu stark tobt hier der Verkehr. Es gibt mehrere Wege, um dem schnell zu entfliehen: An den Hausnummern 19 und 21 öffnet sich das **SONNENKARREE** in Richtung Sendlinger Straße, von den Hausnummern 23, 27 und 10 (Alte Leipziger Passage) führen Wege auf die dahinter liegende Herzog-Wilhelm-Straße. Von dort sind es wenige Meter bis zur Kreuzstraße, von der aus die **OBEROTTL-PASSAGE** (Kreuzstraße 19) oder die **ASAM-HÖFE** (Kreuzstraße 3) abgehen und auf die Sendlinger Straße führen.

WO? Sonnenstraße 19

Alte Bausubstanz.   Die Siemens-Passage.

Münchens jüngste Passage entstand durch einen Neubau der Firma Siemens am Wittelsbacher Platz. Der Weg führt Fußgänger mitten durch die Konzernzentrale; auf halbem Weg passiert man einen zum Ruhepol gestalteten Innenhof; in der gläsernen Eingangshalle, an der man entlanggeht (und die öffentlich zugänglich ist), befindet sich eine Figurengruppe von Georg Baselitz; am Ende der Passage steht »The Wings«, eine silbern schillernde Skulptur von Daniel Libeskind.

Die SIEMENS-PASSAGE lässt sich leicht in einen Passagen-Spaziergang integrieren: Im Nordwesten schließen die Passagen der Bayern-LB an (allerdings verläuft dazwischen der Oskar-von-Miller-Ring) und im Süden, in der Finkenstraße 5, kann man eine Passage durch das Arco-Palais nehmen, um vor dem Cafe Luitpold zu landen. Von dort aus erreicht man dann den Luitpoldblock, an dessen Südseite entlang es zum Literaturhaus geht.

wo? Wittelsbacherplatz 2

Weitblicke

Da die **GROSSHESSELOHER BRÜCKE** in gut 30 Meter Höhe das Isartal über-
spannt, hat man von ihr einen fantastischen Blick. Der breite Fußgänger- und
Radfahrerweg besteht aus Holzbohlen und verläuft direkt unterhalb der Gleise
der Eisenbahnbrücke (akustisch ist das aber dennoch gut auszuhalten). Die Brücke selbst liegt auf dem Gebiet von Großhesselohe, ein Ortsteil von Pullach im
Landkreis München. Die Aussicht von hier oben ist unglaublich frei, denkt man
sich das Sicherheitsgitter mit seinen Liebesschlössern mal weg. Nach Norden
wie nach Süden blickt man über die Isar und den parallel zu ihr verlaufenden
Kanal; beide verschwinden erst in der Ferne aus dem Blickfeld.

Extra-Tipp: Auf der Pullacher beziehungsweise Großhesseloher Seite lohnt
der Besuch beim Isarfräulein, einem niedlichen Kiosk und Imbiss.

WO? Großhesselohe, Isartal, Menterschwaige

Das Deutsche Museum hat in seinen Türmen gleich zwei Sternwarten – aber bitte nicht mit dem deutlich bekannteren Planetarium verwechseln. Die Ost- und
die Weststernwarte können im Rahmen eines Museumsbesuchs zu bestimmten
Zeiten betreten werden, um die Sonne zu beobachten. In der **OSTSTERNWARTE**
werden darüber hinaus auch Abendführungen angeboten. Möglich macht dies
ein Kreis Ehrenamtlicher, die sogenannte Beobachtergruppe. Nachdem man die
Stufen erklommen hat, kann man hoch über München stehend durch die Fern-
rohre Mond, Planeten und Kometen betrachten. Die Führungen finden nur bei
klarem Himmel statt und im Winter gilt es, sich warm anzuziehen, denn die
Kuppel ist nicht beheizt und das Dach wird geöffnet! Der Eintritt ist frei und
nicht an eine Eintrittskarte fürs Museum gekoppelt.

WO? Museumsinsel 1
www.beobachtergruppe.de

Der **LUITPOLDHÜGEL** prägt den Luitpoldpark, der zum 90. Geburtstag des Prinz-
regenten 1911 angelegt wurde; weswegen auch 90 Linden den Gedenkobelis-
ken flankieren. Im nordöstlichen Bereich des Parks wurde nach Kriegsende aus
Trümmern der zerbombten Stadt der zunächst »Schwabinger Schuttberg« ge-
nannte Hügel aufgeschüttet, der schließlich eine Höhe von 37 Metern erreichte.
Nach der Umgestaltung des Parks Ende der 1950er-Jahre bekam der Schuttberg
seinen heutigen Namen »Luitpoldhügel«. Er lässt sich von allen Seiten aus besteigen – jeder Weg gestaltet sich etwas anders: Mal ist er steil und führt durch

Die Großhesseloher Brücke.

Wiesen, mal gewunden und unter Bäumen hindurch. Von oben bietet sich ein eindrucksvoller Blick über die Stadt – an Föhntagen bis zu den Alpen. Den Besucher erwartet zudem eine 1985 errichtete Mischung aus Gipfelkreuz und Gedenkstätte mit der Inschrift: »Betet und gedenket all der unter den Bergen von Trümmern Verstorbenen!«

WO? Nähe Belgradstraße 104

Nach dem Ende des Zweiten Weltkrieges wurden gigantische Mengen an Schutt zu drei großen Abladestellen an der damaligen Peripherie der Stadt transportiert: zum heutigen Olympiaberg, zum Luitpoldhügel und zum **NEUHOFENER BERG** in Mittersendling. Letzterer wird als Schuttberg kaum wahrgenommen, da die Hangkante des Isartalhochufers mit den Trümmern aufgeschüttet wurde. Am höchsten Punkt seiner Hangkante steht ein Rundpavillon, in dem ein schlichter Brunnen vor sich hin plätschert und eine Gedenkplatte zu finden ist. Von hier aus kann man den Blick über Sendling und die Ludwigsvorstadt schweifen lassen. In den 1950er-Jahren wurde der Grünzug am Neuhofener Berg nach Süden verlängert und dort im Jahr 2013 ein »Baumhaus« errichtet; ein Projekt, das in Kooperation mit der Partnerstadt Cincinatti realisiert werden konnte und eine Mischung aus Erlebnisraum und Kunstwerk ist. Hier schweben auf Stahlträgern drei Häuschen, die barrierefrei zugänglich sind; man fühlt sich dort den Baumkronen nahe und kann weit in Richtung Alpen sehen.

WO? Alois-Johannes-Lippl-Weg

Freie Flächen und ihre Geschichte

Das Waldgebiet der Angerlohe im Münchner Nordwesten wird von vielen romantischen Wegen durchzogen, auf denen man sich wegen der vielen Windungen auch mal verlaufen kann. Nördlich des Waldes schließen sich wunderschöne Magerwiesen an, ein Schutzgebiet mit künstlichen Teichen, in denen Frösche und Kröten laichen. An die Angerlohe grenzt die **TRINKL-SIEDLUNG** an. Im Münchner Norden gibt es viele »Mondschein-Siedlungen« – abends und nachts bauten hier nach Kriegsende viele obdachlose Familien ihre illegalen Häuschen. Die Schwarzbauten der Trinkl-Siedlung wurden erst 2003 legalisiert, jahrzehntelang wurde mit der Stadt gerungen, ob die Häuschen in dem ökologisch sensiblen Gebiet nun abgerissen werden müssen oder stehen bleiben dürfen. Die Siedler scheinen sich über die Jahrzehnte ein eher ruppiges Verhältnis zu München und Ortsfremden angewöhnt zu haben. Es wimmelt nur so von Verbotsschildern und Hinweisen, dass man sich auf Privatgrund befindet. Aber keine Sorge: Spaziergänge sind möglich. Schön zu beobachten, ist der Übergang von illegal zu legal zum Beispiel im Auerhahnweg – geht man den Weg hinein, sind links überwiegend noch die alten, einfachen Bauten zu sehen – rechts stehen die neuen »LBS-Träume« vom Eigenheim. Am Ende des Auerhahnwegs versteckt sich dann ein Zugang zur Angerlohe.

WO? Auerhahnweg, Waldhornstraße, Bärlauchweg, Angerlohstraße
www.trinklsiedlung.de/Historie

Flächen in der Stadt, die lange brach liegen, sind eine Chance für die Natur. Wie das **VIRGINIA-DEPOT**, das jahrzehntelang in der Hand des deutschen und amerikanischen Militärs war und seit Mitte der 90er-Jahre nun de facto ein Biotop ist. Gerade weil das Gelände in den letzten Jahrzehnten weder genutzt wurde noch zugänglich war, sind die Lebensbedingungen für bedrohte Tier- und Pflanzenarten ideal. Und jüngst wurde das Virginia-Depot eingezäunt, damit sich das Biotop ungestört weiterentwickeln kann. Ein Besuch am Zaun lohnt sich dennoch. Inmitten von Gewerbegebieten ist es ein ökologisches Kleinod. Stellt sich nur die Frage: Soll man es nun schützen, indem man den Zugang versperrt, oder es für die Naherholung öffnen? Denn das Gebiet weckt natürlich auch bei den Anwohnern Begehrlichkeiten – wie überall in der Stadt, wenn Mensch und Natur aufeinandertreffen. Das zeigen auch die Löcher im Zaun.

WO? Lerchenau
Schleißheimer Straße 387 oder Schätzweg

In der Trinkl-Siedlung.

Die Nationalsozialisten planten einen **AUTOBAHNRING** rund um München: In Allach begannen die Bauarbeiten 1938, sie wurden nach einem Jahr wieder eingestellt – es entstand aber eine Kiestrasse als Unterlage für die Streckenführung, die bis heute die Landschaft deutlich dominiert. 1941 diente das Gelände als Kriegsgefangenenlager, 1945 wurden Flüchtlinge dort untergebracht – daran erinnert heute ein Gedenkstein. Lange lag das Gelände brach, 1999 wurde Kies für den Bau des neuen Autobahnrings entnommen. Es bleibt ein geformter Fremdkörper über mehrere Kilometer, in dem sich zum Teil sehr seltene Pflanzen und Insekten angesiedelt haben; eine Grünfläche im Besitz der Autobahndirektion Südbayern (die auf ihrer Infotafel irgendwie versucht, die »Bewegte Geschichte« des Geländes zu erklären); ein Naherholungsgebiet, das nur teilweise unter Naturschutz steht; in einer von Autobahnen zerteilten Landschaft.

wo? Zum Beispiel Paul-Ehrlich-Weg (teilt den Damm), im Süden: Goteboldstraße, im Norden: Rudorffstraße

Die Bahnstrecke **FELDKIRCHNER TANGENTE** wurde 1941 in Betrieb genommen – als Teil des sogenannten Münchner Nordrings. Kurz nach Kriegsende wurde die Strecke aufgegeben und 1949 die Gleise zum größten Teil entfernt. Bis heute ist das Schotterbett sofort zu erkennen; die Trasse wird auf einem Damm weitergeführt, den Brücken und Straßenüberführungen kreuzen. Vom Damm aus bietet sich ein toller Blick ins Johanneskirchener Moos. Wer mag, kann hier eine kleine Wanderung unternehmen und die außergewöhnliche (Ge-)Tier- und Pflanzenwelt bewundern. Die ehemalige Bahnstrecke überquert mittels einer kleinen Bogenbrücke auch den Hüllgraben, ein künstlicher Wasserlauf, der den Hachinger Bach mit dem Abfanggraben verbindet und dazu dient, den Grundwasserstand zu regulieren.

wo? Johanneskirchen, Lebermoosweg

Grüne Entdeckungen

Der **PETUELPARK** entstand 2004 durch den Bau des Petueltunnels. Die besondere Aufgabe, auf dem Dach eines langen, aber schmalen Tunnels ein Grünband anzulegen, wurde geschickt gelöst: Durch unterschiedliche Höhen und Anbindungen an benachbarte Grundstücke entsteht beim Besuch der Eindruck, in einem »richtigen« Park zu sein. Auch der alte Nymphenburg-Biedersteiner Kanal wurde integriert. Immer wieder entdeckt man Neues: hier ein Brunnen, da ein Kletterspielplatz, dann wieder eine größere Freifläche ... Gerade für Kinder sind die verschiedenen, spielerisch wirkenden Kunstwerke ein Erlebnis, zum Beispiel die zwei Paar Gummistiefel, die wie vergessen herumstehen und eine Überraschung parat haben, oder das Periskop, das einen Blick in den Autotunnel tief unter der Erde erlaubt.

WO? Klopstockstraße 10

Nach der Verlegung des Münchner Flughafens Riem wurde das Gelände neu bebaut – im Zuge der Bundesgartenschau 2005, die damals viel Kritik einstecken musste, entstand der **RIEMER PARK**. Reste der Buga, wie etwa der Friendship Garden der Partnerstadt Cincinnati, sind übriggeblieben. Vor allem überzeugt und beeindruckt der Park durch seine klare Geometrie und die ausgedehnten Flächen: eine Weite, die in München sonst eher selten zu finden ist. Der Park ist eine Anlage, die viel Platz für Bewegung bietet. Auf jeden Fall lohnt sich die Besteigung der Aussichtshügel, die aus Flughafen-Schutt entstanden, im Winter rodelt hier das ganze Viertel. Inlineskater lieben den kilometerlangen, schnurgeraden Weg, der am Riemer See vorbeiführt. Im See ist auch das Baden erlaubt – allerdings sollte man sich einen Sonnenschirm mitbringen, denn es gibt relativ wenig Schatten.

WO? Stockholmstraße

Die **PANZERWIESE** – einst ein Übungsplatz des Militärs – ist heute Naturschutzgebiet. Die Heide beeindruckt durch ihre unglaubliche Weite. Besonders schön

Am Petuelpark.

ist die Panzerwiese auch frühmorgens – dann steigt Nebel auf, aus dem ganz plötzlich eine Schafherde grasend ins Bild kommt. Im Norden grenzt das Hartelholz an, ein Waldgebiet, das von der A99 durchschnitten wird. Auf Höhe der Wintersteinstraße 1 führt eine Fußgängerbrücke über die Autobahn zum Flugplatz Oberschleißheim mit der Außenstelle des Deutschen Museums. In dessen direkter Nachbarschaft lädt zudem die Schlossanlage Schleißheim zu Entdeckungstouren ein. Am besten erschließt man sich die Gegend mit dem Fahrrad.

WO? Schleißheimer Straße 505

Die städtischen Baumschulen bewirtschaften große Flächen in Laim und Pasing. Etwa ein Drittel der Fläche darf von Fußgängern betreten werden, der Spaziergang beginnt entweder an der Senftenauer Straße oder an der Willibaldstraße. Spannend an der **BAUMSCHULE** ist der Blick auf Beete, die wie große Planquadrate angelegt sind: Hier werden Sträucher und Bäume für die Stadt gezogen, auch neue Arten werden einige Jahre getestet – es gilt, Sorten zu finden, die resistent genug für das sich wandelnde Stadtklima sind.

WO? Gegenüber Senftenauerstraße 135

Gardening

Vom Schrebergarten bis zum Urban Gardening – in München finden sich an vielen Ecken grüne Flächen, die liebevoll von Einzelnen oder Gruppen bepflanzt werden. Der eine will sein kleines, privates grünes Reich genießen, der andere gleich die ganze Stadt verändern. Der **EXPERIMENTIERGARTEN** am Ökologischen Bildungszentrum (ÖBZ) existiert schon seit 2004: Eine lockere, ehrenamtliche Gruppe kümmert sich um 16 unterschiedliche Gartenbereiche, die Themen wechseln je nach Interessen. Ein Bereich beschäftigt sich zum Beispiel mit seltenen Bohnensorten – Saatguterhaltung mal ganz konkret. Fachlich betreut wird das Projekt vom Münchner Umwelt-Zentrum; Interessierte können jederzeit hinzukommen. Gemeinsam gegärtnert wird samstags, an den anderen Tagen arbeiten die Gruppenmitglieder nach Zeit und Lust. Der Garten, wie auch die anderen Freiflächen des ÖBZ stehen Spaziergängern täglich offen.

WO? Englschalkinger Straße 166
www.oebz.de

Der **GENERATIONENGARTEN** entstand bei der Neuanlage des Petuelparks. Er setzt sich zusammen aus gemeinschaftlich genutzten Gartenflächen, abgegrenzten Parzellen und einem Pavillon mit Runddach. Das Miteinander-Gärtnern steht (auch) unter einem integrativen Gedanken: Menschen unterschiedlicher Altersstufen und Nationalitäten treffen sich hier, um eigenständig über die Nutzung der Fläche zu entscheiden, die von mehreren Vereinen und Institutionen gestellt wird. Ab und an gibt es auch kleinere Veranstaltungen oder Treffs, wie etwa das Fasercafé, bei dem sich alles ums Stricken, Häkeln et cetera dreht (www.fasercafe.de).

WO? Ricarda-Huch-Straße 4
www.verein-stadtteilarbeit.de/index.php/ueber-uns/einrichtungen-
und-dienstleistungen/generationengarten

Im Münchner Grüngürtel – also am Stadtrand – entstehen von Jahr zu Jahr mehr **KRAUTGÄRTEN**. Münchner Bauern verpachten Äcker, die in Parzellen aufgeteilt und von städtischen Gärtnern mit etwa zwanzig verschiedenen Gemüsesorten bepflanzt werden. Per Losverfahren werden die Parzellen dann für ein Jahr an Interessierte vergeben. Die Pächter bezahlen eine einmalige Gebühr und übernehmen die Pflege ihres Acker-Teils; zudem dürfen sie Gemüse nach Wunsch anbauen; jeder Pächter erntet natürlich nur in seinem eigenen Gartenstück. Es

Urban Gardening.

gibt keine Lauben, Schuppen oder dergleichen. Im Herbst werden die Beete ab-
geräumt – bis Silvester läuft dann das Bewerbungsverfahren fürs neue Kraut-
gartenjahr. Inzwischen gibt es über 20 Krautgärten in München – dieser Tipp
bezieht sich auf den Garten in Solln; alle Adressen sowie Informationen zur
Bewerbung finden sich auf der Webseite der Stadt.

WO? Höhe Littmannstraße 23 a
www.muenchen.de, Stichwort: Krautgärten

Egal, wo man nun gärtnert, ob gemeinsam oder allein: Irgendwo müssen die
Jungpflanzen ja herkommen. Eine gute »Quelle« ist die **BIOGÄRTNEREI KAMLAH**
im Süden Pasings. Spezialisiert ist Kamlah auf ältere und seltene Gemüsesorten.
Die Gärtnerei verkauft von Dienstag bis Samstag ihre Waren auf ihrem Stand
am Pasinger Viktualienmarkt; der Hofladen hat Montag, Mittwoch und Freitag geöffnet.

Eine weitere Möglichkeit, spannende Entdeckungen fürs eigene Beet zu
machen, ist der Arche Noah Jungpflanzenmarkt, hier werden vom Aussterben
bedrohte Hausgartensorten und andere Raritäten verkauft, ebenfalls in Bioqualität. Diese Verkaufsausstellung findet einmal im Jahr, üblicherweise im Mai, im
Botanischen Garten in der Menzinger Straße 61 statt.

WO? Schlagweg 8
www.gaertnerei-kamlah.de

I beg your pardon – Rosengärten

Von Anfang an war die **BORSTEI**, Münchens wohl bekannteste Wohnanlage, als Zusammenspiel von Wohnhäusern und großzügigen Gartenanlagen geplant. Einer der schönsten Höfe der Borstei ist als Rosengarten gestaltet, dessen Pracht sich vor allem zur Blütezeit im Juni und Juli zeigt. Betritt man den Hof von der Franz-Marc-Straße aus (von der Dachauer Straße kommend nach rechts), trifft man zunächst auf den »Neptun-Hain«, ehe eine Treppe zum Rosengarten hinauf führt: Zur Rechten öffnet sich dann ein französischer Rosengarten, zur Linken zeigt sich ein englischer – zwei Gartenkonzepte begegnen sich hier auf kleiner Fläche. Und wer den Weg entlang geht, der quer durch die beiden Anlagen führt, den begrüßt ein langes Rosenspalier. Es ist ein ganz besonderes Erlebnis, wenn man dieses durchschreitet. Am Ende des Spaliers steht die Büste von Bernhard Borst, dem Erbauer der Borstei. Er hatte sich gewünscht, dass die Mieter der umliegenden Häuser ihren Tag durch einen Spaziergang in einem der Borstei-Gärten ausklingen lassen können.

Noch einen Kaffee gefällig? Das Café Borstei in der Franz-Marc-Straße 9 ist durchaus zu empfehlen.

WO? Franz-Marc-Straße 1

Die Städtische **BAUMSCHULE BISCHWEILER** wurde vor über einhundert Jahren als Teil der Isaranlagen geplant. Hier werden Zierpflanzen für Beete im ganzen Stadtgebiet gezogen; auf dem Gelände finden sich auch mehrere Themengärten – am bekanntesten ist der Rosengarten, eigentlich eine »Rosensichtung«. Die Stadtgärtner testen auf dem Gelände verschiedene Sorten auf ihre Robustheit. Im sogenannten Staudental wurde außerdem ein Beet gestaltet, in dem Rosen mit Stauden, Gräsern und Sommerblumen kombiniert werden. Dazwischen liegen Streifen aus Kieselsteinen, die an vertrocknete Bachläufe erinnern sollen. Das ganze Areal wirkt weniger wie eine Baumschule als vielmehr wie eine leicht verwunschene Schlossgartenanlage. Der Eintritt ist kostenlos. Es gibt auch einen Zugang zum Gelände von den Isaranlagen aus. Von dort ist es nicht weit bis zum Kiosk Braunauer Eisenbahnbrücke, wenn's noch ein Isar-Spezi sein soll.

WO? Sachsenstraße 2
www.muenchen.de, Stichwort: Baumschule Bischweiler

Ein kaum bekannter Rosengarten versteckt sich im Pflanzen-Kölle **GARTEN-CENTER** in Untermenzing am Ende des Parkplatzes, gleich hinter dem Lärmschutzwall der A8. Ein gewundener Weg zieht auf einen kleinen, künstlichen Hügel, auf dem eine Pergola thront; mehrere Liegen auf der Anhöhe würden

Rosenspalier in der Borstei.

sich anbieten, um ein Nickerchen zu machen. Ob sie angesichts der Lage wirklich genutzt werden, ist die Frage. Verpflegung für den Besuch bekommt man in den eher rustikalen Ständen vor dem Haupteingang oder in der hauseigenen Café- und Restaurantkette Bambusgarten.

WO? Goteboldstraße 9

Längst ist der **WESTPARK** seinen Kinderschuhen, der Internationalen Gartenbauausstellung 1983, entwachsen und zu einer der beliebtesten Grünflächen der Stadt geworden. Ein besonderes Highlight am westlichen Ende des Parks, in der Nähe der Auffahrt zur A96, ist der Rosengarten. Hier wurden über 500 verschiedene Sorten angepflanzt, tausende Blüten verwandeln den Rosenhügel im Sommer in einen ganz besonderen Ort. Das hier gelegene Wirtshaus am Rosengarten ist eine gute Möglichkeit, den Besuch bei einer Maß Radler im Biergarten und mit Blick auf den Parksee abzurunden.

WO? Westendstraße 305

FREIRÄUME

Wälder

Das **SCHWARZHÖLZL** ist ein sehr charmantes und abwechslungsreiches Naturschutzgebiet. Seinen Namen verdankt es den hier vorkommenden Schwarzkiefern, die Teilen des Gebiets eine düster-bizarre Atmosphäre verleihen. Am Bach lassen sich Biberspuren entdecken, wer Glück hat, sieht wilde Rehe. Außerdem haben sich seltene Tier- und Pflanzenarten angesiedelt. Bei aller gefühlten Ursprünglichkeit: Dieses Gebiet sieht heute so aus, weil Menschen es stark verändert haben. Einst war der Münchner Nordosten eine große Niedermoorlandschaft, auf der Streu gemäht wurde. Um 1800 veränderte sich die Nutzung: Es wurde mehr und mehr Torf abgebaut, was zu einer sukzessiven Trockenlegung des Moors führte. Zudem wurde die Streumaht aufgegeben, sodass Bäume sich ansiedeln konnten und das Moor sich zu einem Wald entwickelte. 1970 wurde das Schwarzhölzl durch den Bau der Ruderregattastrecke massiv in Mitleidenschaft gezogen – der Grundwasserspiegel wurde um weitere etwa zwei Meter abgesenkt. Mit dem Aushub errichtete man einen Hügel, der heute Schwarzhölzlberg heißt und immerhin 27 Meter hoch ist. Ein schöner Beginn für einen Spaziergang ist zum Beispiel die Kuppelfeldstraße.

WO? Kuppelfeldstraße / Ecke Regattaweg

Nördlich des Nymphenburger Schlossparks schließt sich der **HARTMANNSHOFER WALD** an. Auch wenn der Wald nicht sehr groß ist, kann man hier dennoch einen schönen Spaziergang unter den Bäumen machen, von denen viele sehr alt und mächtig sind. Durch das Gelände fließt der Hartmannshofer Bach, an dessen Ufer Kinder schön spielen können. Der Hartmannshofer Wald ist übrigens ein Eichen-Hainbuchen-Wald: Dieser Bewuchs ist typisch für die Schotterböden in München, bei denen das Grundwasser relativ weit von der Oberfläche entfernt ist. Die neue Fasanerie, ein Wirtshaus mit Biergarten, ist ein guter Anker für den Ausflug; hier wurden einst für Kurfürst Max Emanuel Fasane gezüchtet.

WO? Hartmannshofer Straße 20

Der **FORSTENRIEDER PARK** grenzt im Süden an München an. Der Staatsforst, der an vielen Stellen von Nadelbäumen dominiert wird, misst fast 5.000 Hektar. Hier gibt es viel zu entdecken: wilde Tiere, wie etwa Wildschweine oder Rot- und Damwild, alte, ehrwürdige Bäume oder seltene Blümchen, dazu viele Sonnenstrahlen, die es durch die hohen Bäume schaffen, oder kleine Lichtungen. Betritt man den Wald von der Vinzenz-Schüpfer-Straße aus, erreicht man

Im Schwarzhölzl.

nach etwa 1,4 Kilometern Fußmarsch die Königseichengruppe: Zu Ehren von
Ludwig I. und Maximilian II. Joseph pflanzte ein Förster einst zwei Baumgrup-
pen in Form der Buchstaben L und M – aus der Luft lassen sie sich mit viel Fantasie noch heute erahnen.

WO? Vinzenz-Schüpfer-Straße 87

Neben dem Riemer Park wurde auch der Riemer Wald als ökologische Aus-
gleichsfläche neu angelegt. Teil des Waldgebietes ist der **FRAUENWALD 2000**:
Dieser entstand 1998. Kreisförmig wurden 2.000 Bäume für 2.000 Frauen angepflanzt, angelehnt an die Form eines indianischen Medizinrads. Der Kreis
aus Kiefern, Eichen, Linden, Hainbuchen und Birken sollte zu einem lebenden Denkmal für die heilenden und kreativen Leistungen von Frauen heran-
wachsen. Leider macht der Asiatische Laubholzbockkäfer vor dem Riemer Wald
und damit auch vor dem Frauenwald nicht halt: 2016 mussten viele Bäume des
Mischwaldes gefällt werden, um das Ausbreiten des Schädlings zu verhindern.
Übrig blieben Eichen und Kiefern, die dem Käfer nicht schmecken. In unmittelbarer Nähe des Frauenwalds wurde ein Stück der Landebahn des ehemaligen
Riemer Flughafens erhalten – sie bildet eine Schneise im Wald und bietet dem
Besucher einen tollen Blickkontrast.

WO? Nähe De-Gasperi-Bogen 8, Zugang zum Beispiel
in der Nähe des Hamberger Großmarkts
www.frauenwald2000.de

Bewegung

Die **ROTE STADT** war ursprünglich als ein Kinderspielplatz gedacht, der zu den Grünanlagen des Olympiadorfes gehört, diese gehören nicht zum Olympiapark, sondern allen Eigentümern der Wohnungen im Olydorf gemeinsam. Eigentlich sollten die kleinen Häuschen Kaufmannsläden für Kinder sein, doch sie werden heute ganz anders genutzt: Hier trainiert Münchens Parkour- und Freerunning-Szene, da die Anlage ideal ist, um Sprünge aller Art zu üben. Die Rote Stadt ist nicht ganz leicht zu finden: Am Ende der Nadistraße kommt ein Kreisel, hier rechts auf den Fußweg abbiegen. Für alle, die sich selbst mal akrobatisch ausprobieren möchten, bietet Parkour München einmal im Monat ein kostenloses Einführungstraining an. Infos hierzu gibt es unter www.parkour-münchen.org.

WO? El-Thouni-Weg

Unter Anleitung trainieren, aber ohne Anmeldung? Eine Stunde knackige Fitness bietet das **LEDERHOSENTRAINING** auf der Schönfeldwiese (in der Nähe des Japanischen Teehauses im Englischen Garten) zweimal in der Woche. Im Winter wird ebenfalls gesportelt, nur liegt dann der Fokus auf Laufen beziehungsweise Walken. Beginn ist um 19 Uhr – ideal also, um seinen Arbeitstag sportlich zu beenden. Und keine Angst: Man muss nicht in Lederhose erscheinen!

WO? Englischer Garten, Prinzregentenstraße 1
www.lederhosentraining.com/de/staedte/muenchen

Münchens Tango-Szene ist groß und vielfältig – und bei schönem Wetter tanzt man am liebsten draußen in pittoreskem Ambiente, seit vielen Jahren etwa im Dianatempel im Hofgarten. Neu dazugekommen ist die **SPONTILONGA**, die sowohl Kurse als auch Tanz-Partys unter freiem Himmel anbietet. Man trägt sich in den Newsletter ein und wird dann kurz vorher zum Tango an einem ausgefallenen Münchner Ort eingeladen. Entstanden ist die SpontiLonga vor der Staatlichen Antikensammlung am Königsplatz – hier gibt es eine Open-Air-Milonga, wenn es abends warm genug ist.

WO? Königsplatz 1
www.spontilonga.de

Im Olympiapark.

Von Mai bis Ende September bietet das Referat für Bildung und Sport der Stadt München an jedem Tag der Woche kostenlos ein angeleitetes Fitness-Programm an: **FIT IM PARK**. Von Yoga über Zumba bis Wirbelsäulen-Training ist für jeden etwas dabei, Beginn ist um 18 Uhr; im Ostpark an der Gymnastikwiese am See genauso wie im Luitpoldpark, im Westpark und im Riemer Park. Außerdem wird mittwochmorgens auf dem Marienhof Quigong angeboten. Jeder kann einfach dazukommen, eine Anmeldung ist nicht nötig.

wo? Ostpark, Luitpoldpark, Westpark, Riemer Park, Marienhof
www.muenchen.de/freizeit/sport/gymnastik-im-park.html

Sonnenuntergang

Die **HACKERBRÜCKE** wurde von 1890 bis 1894 durch die **MAN** erbaut und zuletzt in den 80er-Jahren saniert. Die Fachwerkstreben der Eisengitterkonstruktion sind Abend für Abend das Ziel von kleinen Grüppchen. Hier kann man leicht erhöht sitzen und über die Gleise schauen: entweder nach Osten in Richtung Innenstadt, mit Blick auf den Bahnhof, die Frauenkirche und den Justizpalast, oder stadtauswärts in Richtung Westen, von wo aus sich in der Ferne die Donnersbergerbrücke, auf der der Feierabendverkehr tobt, erahnen lässt. Bei Fernweh blickt der eine oder andere auch schwermütig einem der Züge nach, die gerade den Bahnhof verlassen. Die untergehende Sonne taucht alles in warmes Abendrot, die vielen Gleise spiegeln das Licht.

WO? Hackerbrücke

Schräg gegenüber der berühmten Gaststätte Paulaner am **NOCKHERBERG** befindet sich an der Hochstraße eine Aussichtsterrasse. Dort stehen in der berühmten Serie »Irgendwie und sowieso« des Bayerischen Fernsehens (1986) Sir Quickly, der Effendi, der Sepp und der Binser, schauen auf die Münchnerstadt und sinnieren über »Manhattan«. Heute liegt unterhalb der Terrasse das ehemalige Paulaner-Brauerei-Gelände, im Hintergrund sieht man das ehemalige Heizkraftwerk an der Müllerstraße, heute ein Luxus-Domizil, den »Alten Peter«, den Turm des Neuen Rathauses, die Frauenkirche und am Horizont den Fernsehturm: Die Stadt liegt dem Betrachter zu Füßen. Im Hang unter der Terrasse befinden sich die im Berg angelegten, alten Bierkeller, die wohl im Zuge der Umstrukturierung des Areals als Tiefgaragen enden werden. Die Brauerei in der Au sagte hier leise Servus – das Wirtshaus und der Biergarten bleiben und laden zum anschließenden Besuch ein.

WO? Gegenüber Hochstraße 77

An warmen Sommerabenden ist der **HUBERTUSBRUNNEN** ein beliebter Treffpunkt für ein abendliches Picknick in Neuhausen. Der Brunnen befindet sich am östlichen Ende des Nymphenburger Kanals. Von hier aus hat man einen großartigen Blick auf das Nymphenburger Schloss in der Ferne, hinter dem dann die Sonne untergeht. Der Hubertusbrunnen hat sich hier übrigens hergemogelt: Er wurde zwischen 1903 und 1907 erbaut und stand bis 1937 auf dem Forum vor dem Bayerischen Nationalmuseum in der Prinzregentenstraße. Zunächst wurde er abgebaut und erst 1954 wieder in Neuhausen aufgestellt.

WO? Höhe Waisenhausstraße 20

Auf der Hackerbrücke.

Die Studentenstadt ist Münchens und sogar Deutschlands größte Studentensiedlung. Erbaut in den 60er- und 70er-Jahren, ist sie eine lebendige und von Studenten überwiegend selbstverwaltete Wohnanlage mit etwa 2.500 Bewohnern. Im höchsten Gebäude, dem Hanns-Seidel-Haus, befindet sich unter dem Dach im 21. Stock die **MANHATTAN-BAR**. Bei schönem Wetter wird die zugehörige Dachterrasse im 19. Stock geöffnet, von der aus sich ein unglaublicher Blick bietet: vor allem nach Westen, am Rand aber auch nach Süden in Richtung Innenstadt. Der Zugang zum Hanns-Seidel-Haus – und damit zum Manhattan – ist nur für Bewohner der Studentenstadt sowie ihre Gäste möglich. Beim jährlich stattfindenden Festival StuStaCulum ist das Manhattan dann aber für alle Festival-Besucher offen.

Am Hubertusbrunnen.

wo? Christoph-Probst-Straße 16

Heinrich-Mächler-Kies- und Sandwerk.

Lost Places

Die berühmten Industriefotografien von Hilla und Bernd Becher sind das erste, woran man denkt, wenn man in Waldperlach von der Putzbrunner Straße in Richtung Kieswerk abbiegt und dann nach wenigen Metern auf das **HEINRICH-MÄCHLER-KIES- UND SANDWERK** trifft. Das unter Denkmalschutz stehende Produktionsgebäude wirkt wie aus der Zeit gefallen, ist aber nach wie vor in Betrieb: Hier wird Kies veredelt, indem er gesiebt oder gequetscht wird. Folgt man dem Weg am Mächler-Gelände vorbei, das mit seinen Halden und Kratern auch auf einem fremden Planeten liegen könnte, stößt man auf ein weiteres, diesmal aber **STILLGELEGTES KIESWERK** – und, noch interessanter, dessen ehemaliges Abbaugebiet. Seit den 80er-Jahren ruht dort die Kiesgewinnung und so hat die Natur sich das Gelände zurückerobert. Ein wertvolles Biotop ist entstanden, das die Inhaber des ehemaligen Kieswerks Fritz Roth gemeinsam mit der Stadt für eine »sensible Nutzung« zugänglich gemacht haben. Es handelt sich aber um »freie Natur«, das heißt, die Wege sind nicht geräumt und das Gelände ist nicht gesichert und zum Teil unwegsam! Hier gibt es Halden und Krater, einen kleinen See, Waldpfade und viele sehr seltene Pflanzen- und Tierarten. An bestimmten Punkten im Gelände sind technische Relikte aus der aufgelösten Produktion aufgestellt.

WO? Putzbrunner Straße 193 und 195

An seiner Westseite endet der Olympiapark im Niemandsland. Zwischen Landshuter Allee und neuen Büroparks befindet sich der **STILLGELEGTE S-BAHNHOF OLYMPIASTADION**, der einst die Olympischen Spiele an die S-Bahn anschloss. Den Geisterbahnhof umgibt eine faszinierende Aura: Bahnsteige ohne Gleise, wuchernde Büsche und Pflanzen sowie Scherben überall. Das Gelände lockt Sprayer und Fotografen an, die auf der Suche nach desolaten Kulissen sind. Wer den Bahnhof durch den kurzen Tunnel von unten her betritt, findet sich in einer Szenerie wie aus einem Endzeit-Film wieder. In Zukunft soll auf den ehemaligen Gleisen das Münchner Radwegenetz ausgebaut werden – hinderlich sind allerdings Giftstoffe im Boden, die erst einmal abgetragen werden müssen. Außerdem gibt es noch Bedenken bezüglich des Denkmalschutzes – schließlich steht der Bahnhof samt seiner Gleise als Teil des Olympiaparks unter Ensembleschutz.

WO? Moosach, am westlichen Ende des Werner-Seelenbinder-Weges
hinter der Brücke über die B 304

Das **EHEMALIGE UMSPANNWERK HIRSCHAU** liegt im nördlichen Teil des Englischen Gartens in der Nähe des Mini-Hofbräuhauses. Die Stadtwerke errichteten hier in den 30er-Jahren einen Flachdach-Komplex mit vier Gebäuden aus Ziegeln sowie einer mächtigen Schaltanlage mit Isolatoren und Transformatoren im Freien. Die unter Denkmalschutz stehende Anlage im Naturschutzgebiet lag jahrelang brach, ehe sich eine Gemeinschaft um mehrere Künstler mit den Stadtwerken verbündete und erhaltende Maßnahmen im Tausch gegen die Nutzung der Räumlichkeiten als Ateliers anbot. Das Gelände ist nur während Präsentationen der Ateliernutzer für die Öffentlichkeit zugänglich, kann ansonsten aber auch für bestimmte Veranstaltungen gemietet werden. Sonst kann man zumindest von außen die beeindruckende Industriearchitektur bestaunen.

WO? Gyßlingstraße 72
www.umspannwerk-muenchen.de

Auf dem Gelände des **EHEMALIGEN BAHN-BETRIEBSWERKS MÜNCHEN OST** in Berg am Laim – es liegt parallel zur Neumarkter Straße und war Teil des ehemaligen Rangierbahnhofs München Ost nördlich der Bahnstrecke nach Rosenheim – kann man eine Mischung aus Biotopflächen und Industrieromantik entdecken. Seit Jahren brachliegende Bahngrundstücke sorgen für den ökologisch wichtigen Ausgleich. Bahn-Archäologen finden auf dem Gelände noch Reste des Bahnbetriebwerks, unter anderem eine Drehscheibe, mit der Lokomotiven gewendet werden konnten. Der östliche Teil des Geländes wird mittlerweile bebaut. Bald werden also sicher auch die Ruinen des Bahnhofs mit seinen ökologischen Nischen stärker frequentiert sein. Geplant ist allerdings, das Biotop durch eine Wegführung auf Stegen zu schützen und die Bahnrelikte zu erhalten.

S-Bahnhof Olympia-stadion.

WO? Hermann-Weinhauser-Straße

Trinken

Das gemütliche Sitzen im Wirtshaus bei der Halben Bier, einst das klassische Feierabendprogramm des Stadtbewohners, ist irgendwie verschwunden. Münchner gehen nicht einen trinken, München geht aus. Sehr beliebt sind temporäre Bars und Clubs – also Locations, deren Ende qua Abrissbirne bereits feststeht – oder Clubmeilen wie die Feierbanane – für die einen das Höchste, für die anderen nomen est omen. Spannend ist es für den Münchner immer, eine neue Bar auszuprobieren – möglichst als Erster.

Die Bartouren in diesem Kapitel sollen neugierig machen: auf Viertel, deren Bewohner und auf deren nächtliches Publikum, die es lohnt kennenzulernen; auf Lokale, an denen man sonst vorbeigeht; und auf die Chance, mit Fremden ins Gespräch zu kommen. Sicher also eine wilde Mischung, da ist auch mal eine Kneipe dabei, in der just heute Abend nichts los ist. Trotzdem: Ab an den Tresen, auf einen Drink! Aber dann ja nicht hängenbleiben, sondern weiterziehen. Für den Kaffee am nächsten Morgen hat München schließlich auch einiges zu bieten.

TRINKEN

Eine Bar
für einen Drink

Die **JADED MONKEY BAR** ist ein Tipp für jeden, der in der Altstadt unterwegs ist, unbedingt einen Drink braucht – und dafür noch die richtige Bar sucht. Und wer sich nicht ganz sicher ist, was denn nun im Glas drin sein soll, sollte sich einfach beraten lassen: Die Bartender wissen, was sie tun, entsprechend ist ihnen schon nach wenigen Worten klar, welcher Drink heute Abend wirklich passt. Das Licht ist genau richtig gedimmt, die Einrichtung perfekt zeitlos – hier wird nicht die Bar, sondern es werden die Drinks zelebriert.

WO? Herzog-Wilhelm-Straße 25
www.jadedmonkey.de

Einst ein Striplokal, hat die Bar in der Isarvorstadt ihren vielsagenden Namen und die Einrichtung behalten: Die **PIGALLE** im Schlachthofviertel hat noch immer ihre Séparées, ihre roten Plüschsofas und, natürlich, die Tanzfläche mit Stange. Ab und an finden Konzerte oder Burlesque-Auftritte statt. Es herrscht Fotografierverbot, denn angeblich lösen strippende Gäste eine Lokalrunde aus. Es darf also auch gern mehr als ein Drink werden ...

WO? Thalkirchner Straße 23
www.pigalle-münchen.de

Zuerst war die Bar im Keller da, später kam das Restaurant im Erdgeschoss dazu: In der **POLKA** kann man entweder gut essen oder einen schönen Bar-Abend verbringen – oder am allerbesten beides. Das Lokal liegt direkt am Pariser Platz in Haidhausen. In den schönen Räumen mischt sich ein dezentes Design mit einzelnen farbigen Wänden, hinter der Theke werden hellblaue 70er-Jahre-Fliesen mit String-Regalen kombiniert; hier isst man eine leichte, mediterrane Küche an schönen Holztischen. Die Bar erreicht man durch einen separaten Eingang neben dem Lokal. In dem Gewölbekeller ist es richtig schön schummerig, edle Ledersessel laden dazu ein, in ihnen zu versinken, man darf aber auch gern am Tre-

Die Polka.

sen stehen und zur Musik wippen. Wie sich das in einer echten Bar gehört, holt man sich hier die Getränke selbst an der Theke.

wo? Pariser Straße 38
www.polka-polka.de

Eine **BAR**, die keinen Namen hat, ohne Schild an der Tür, ohne Webseite? Wie geschaffen für ein Buch wie dieses! Gleich hinter dem Viktualienmarkt ist dieser geheime Ort zu finden. Innen ist die Bar dunkel gehalten, das Mobiliar erinnert entfernt an englische Gutshäuser. Später am Abend füllt sich das Lokal rasch, die Musik wird lauter, eine Mischung aus Elektronischem und Hip-Hop. Dann findet man den Eingang auch einfacher, wegen des Türstehers und der Raucher vor der Tür.

wo? Frauenstraße 26

Sommertraum outside

Individuell gestaltete Kuchen-Kunstwerke, die köstlich schmecken und einem hohen qualitativen Anspruch gerecht werden, serviert unter freien Himmel – das bietet die Sommer-Location **BOB IM PARK**. In der Tennisanlage des Hochschulsports im nördlichen Teil des Olympiaparks genießt man mit Blick auf das Olympiastadion und den Fernsehturm eine Auswahl an Kuchen und Torten aus der Kuchenwerkstatt Das neue Kubitscheck. Ausgestattet mit in die Jahre gekommenen Hollywoodschaukeln, Tischen und Stühlen im Flair der 70er-Jahre kann man hier außerdem ein Picknick mit Freunden (gut geeignet auch für größere Gruppen) machen und gegen ein Tellergeld von 3,90 Euro sein eigenes Fleisch vor Ort grillen. Getränke gibt es dann an der Bar. Das Bob im Park ist täglich geöffnet, die Öffnungszeiten sind allerdings wetterabhängig; Informationen am besten auf der Homepage abfragen.

WO? Zentraler Hochschulsport – Tennisanlage, Kolehmainenweg
www.cafe-kubitscheck.de/bob-im-park

Die rückseitige Terrasse vom Haus der Kunst wird von der **GOLDENEN BAR** bespielt. Hier genehmigt sich der Münchner einen Drink mit Blick in den Englischen Garten. Bei einem Sommerregen zieht man sich einfach kurz unter das Vordach des Gebäudes zurück. Und während die Sonne untergeht, versinkt man in einem der gemütlichen Sitze und hört dem DJ zu, der an manchen Tagen draußen auflegt. Auf der Terrasse ist genügend Platz für einen chilligen Abend – es gibt sogar Tischtennis-Platten, an denen man eine Runde spielen kann.

WO? Prinzregentenstraße 1
www.goldenebar.de

Das neobarocke **BAMBERGER HAUS** liegt mitten im Luitpoldpark und beherbergt gleich zwei Restaurants – bei Zum Ferdinand gibt es österreichische Küche, bei Ciao Francesco italienische. Ein Besuch ist ein kleines Gastro-Event. Auf der Terrasse oder im Garten sitzt man wunderschön. Die Kinder können entweder auf dem zum Grundstück gehörenden Spielplatz oder nebenan im Hecken-Labyrinth des Luitpoldparks spielen, während die Eltern Prosecco schlürfen.

WO? Brunnerstraße 2
www.bambergerhaus.com

Bob im Park.

An seiner Hauswand im Hof stellt das **MARIA PASSAGNE** bei schönem Wetter gern einige Tische mit Retro-Stühlen auf – es gibt insgesamt gerade einmal 16 Plätze. Wer einen davon ergattert, wird einen gemütlichen Hofabend verbringen, der Ort ist ideal für laue Sommerabende. Später geht man dann entweder weiter – oder zieht rechtzeitig ins Lokal um, solange sich dort noch ein Plätzchen findet. Das Maria Passagne ist natürlich auch im Winter einen Besuch wert – die Bar wirkt dann von außen wie geschlossen, die Tür öffnet sich aber, wenn man klingelt und etwas Geduld hat.

WO? Steinstraße 42
www.maria-passagne.de

Bar-Tour
Hauptbahnhof

In der sogenannten Schmankerlgasse im Stachus-Untergeschoss, Teil des Kaufhauses Karstadt, ist **KAY'S CHAMPAGNERIA** zu finden. Kay Wörsching betrieb dreißig Jahre ein Bistro in der Nähe des Viktualienmarkts, das lange der Treffpunkt der Münchner Schickeria und zahlreicher Prominenter war. Ob Tina Turner oder Gunter Sachs, Rod Stewart oder Boris Becker – alle waren damals da. Die Wände der heutigen Champagneria sind mit Fotos aus jenen goldenen Zeiten geschmückt; in der roten Nische kann zum Beispiel ein Apéro mit einem Spritz stattfinden. Die Öffnungszeiten gibt aber Karstadt vor – um 20 Uhr ist leider Schluss.

WO? Bahnhofplatz 7 (Karstadt, Eingang Stachus)

Im Sofitel Munich Bayerpost, das mit seiner wuchtigen Architektur die Kreuzung an der Paul-Heyse-Unterführung dominiert, findet sich die **ISARBAR**. Dunkles Holz und Ledersessel, eine Wand, deren Mosaik entfernt an Isar-Kiesel erinnert: Die Bar passt sich perfekt in das Ambiente des Luxus-Hotels ein und lässt mit ihrem Angebot fast keine Wünsche offen. P. S.: Auf der dazugehörigen Terrasse im Innenhof kann man auch besonders frühstücken.

WO? Bayerstraße 12
www.sofitel-munich.com/de/isarbar.html

Im ersten Obergeschoss des Mathäser Filmpalasts findet sich die **35 M(M)²-BAR**. Die Einrichtung der ehemaligen 02-Lounge wurde zu großen Teilen übernommen; die Farbe weiß dominiert die quadratische Bar, an der Rückwand blubbert eine Wasserwand. Das Publikum ist eine Mischung aus Menschen, die gern in Multiplex-Kinos gehen, kleinen Gruppen von jungen Männern, die hier ins Nachtleben an der Sonnenstraße starten, und Gästen, die mit der S-Bahn aus dem Umland in die Stadt gefahren sind. Für das leibliche Wohl sorgt das Restaurant 35 milli(m)eter, das im Erdgeschoss des Kinos liegt und durch eine Innentreppe mit der Bar verbunden ist. Die Bar-Crew serviert solide Standards und sorgt mit der

In Kay's Champagneria.

Soundanlage zu etwas späterer Stunde für Stimmung.

wo? Bayerstraße 3–5
www.35mmm.de/35mm2

Das **CORLEONE** ist klein – der Raum ist schlicht, fast kahl; die Betreiber setzen auf eine Mischung aus wechselnden Kunst- und Videoinstallationen, DJing und entspanntem Barbetrieb. Ein guter Ort, um die Nacht länger werden zu lassen – oder nach dem persönlichen letzten Drink in die U-Bahn am Sendlinger Tor zu verschwinden.

wo? Sendlinger-Tor-Platz 7, Eingang über die Pettenkoferstraße
www.corleone.cc

Gut für den letzten Drink: das Corleone.

Bar-Tour Münchner Freiheit

Schwabing. Viel ist über den Stadtteil geschrieben worden, bis heute ist er Mythos und Symbol. Rund um die Feilitzsch- und die Occamstraße bestehen jedenfalls schon seit Jahrzehnten angestammte Lokale und hippe Cocktail-Schuppen nebeneinander; selbsternannte Freigeister mischen sich mit 16-Jährigen, die ihre ersten Biere trinken. Diese entspannte Erwartung spürt man in Läden wie dem **MACCHIATO** – schon lange am gleichen Ort, oft übersehen, nie überstrapaziert. Ein netter Laden im besten Sinne, mit guter Grundstimmung. Aperitif nach Wahl – oder einen guten Espresso!

WO? Leopoldstraße 69
www.cafemacchiato.de

Zweite Station: Ein Abend in Schwabing braucht eine gute Grundlage: Die gibt es in der **WALDFEE**. Hier ist rosa dekoriert und es wird österreichisch gekocht: Ob Fiaker Gulasch oder Wiener Backhendlsalat – die Küche ist gut, die Portionen stattlich.

WO? Occamstraße 13
www.waldfee-muenchen.de

Dritte Station: **HOPFENDOLDE**. Zwischen zerkratzten Tischen und vielen Bildschirmen, die der Fußballübertragung dienen, trinken junge Kerle ihre erste Maß, die Kellnerinnen haben Charakter, es wird Kicker gespielt oder Karaoke gesungen – und zwar bis 5 Uhr morgens. Ein Interieur-Designer war hier nie am Werk, und das ist auch gut so.

WO? Feilitzschstraße 17
www.hopfen-dolde.de

Letzte Station: **DIE KISTE**. Der schwarze Raum wird mit orangen und roten Lichtern ausgeleuchtet, die angenehm nüchterne Bar strahlt eine gute und entspannte Stimmung aus, die sich schnell auf die Besucher überträgt. Später am Abend wird die Musik lauter, die Nacht meist länger als gedacht – wer irgendwann wieder in der hutzeligen Siegesstraße steht, atmet erst einmal tief durch und genießt den Duft Schwabings.

WO? Siegesstraße 17
www.indiekiste.de

Bar-Tour Neuhausen

Eine Bar-Tour in Neuhausen startet am besten mit einem Munich Mule. Den gibt es an der Theke der **GORILLA BAR**, einer Mischung aus Viertel-Kneipe und Wohnzimmer. Ab und an gibt es hier Livemusik, manchmal auch Kabarett oder Lesungen. Der Fokus aber liegt darauf, den Feierabend hochleben oder die Ausgeh-Nacht beginnen zu lassen. Ein schöner Ort und eine gemütliche Bar. Wer Hunger hat, darf sich in die Bar Essen liefern lassen.

WO? Hirschbergstraße 23
www.gorilla-bar.com

Wir wollen aber weiter, und zwar ins **HIDE-OUT 2**. Hinter einer unscheinbaren Holztür führt eine Treppe in den kleinen Music & Entertainment Club. Nicht chic, nicht durchgestaltet, sondern handfest und urig sieht es hier aus; das Gegenteil von Chichi. Bekannt ist das Hide-Out 2 für seine Livemusik, mehrmals die Woche finden Jazz-, Blues- und Rockkonzerte statt. Das schummrige Licht und die engen Räumlichkeiten sorgen für eine ausgelassene und freundliche Atmosphäre. Es mischt sich ein buntes Publikum und wippt zur Musik mit – da kann es auch sein, dass Songs wie »Nellie The Elephant« laufen. Man sagt, dass sich hier außerdem die Wirte Neuhausens ihr Feierabendbier genehmigen.

WO? Volkartstraße 22
www.hideout-muenchen.de

So muss eine Bar sein: Die **BAR DU PORT** verströmt Hafen-Flair. Hier gibt es einige gemütliche Sessel, das schummrige Licht zaubert eine heimelige Atmosphäre und das wild gemixte Publikum genießt gute Drinks. Spezialität des Hauses: Gin – 40 Sorten sollen es sein. Die Bar schafft es, einem sehr schnell das Gefühl zu geben, irgendwo am Hafen, weit weg von zu Hause zu sein.

WO? Albrechtstraße 32

Von der Bar du Port ist es dann nicht mehr weit ins **IMPORT EXPORT**. Ob Konzert oder Open Stage, die Location stellt ein unglaublich vielfältiges Programm auf die Beine, das von einem freundlichen Publikum gut besucht ist. Je nachdem, wann man aus der Bar du Port hierher kommt, läuft vermutlich schon das Party-Programm mit DJ im Anschluss an die jeweilige Veranstaltung.

WO? Dachauer Straße 114
www.import-export.cc

Man Versus Machine Coffee Roasters.

Ausgehen / Clubs

Seit das **ENRICO PALLAZZO** umgezogen ist, ist aus einer kleinen Bar nun eine Mischung aus Kneipe und Club geworden, aber so schön unprätentiös wie früher ist es immer noch. Auf der überdachten Terrasse sitzt man bei einem Burgwitch – so nennt die Crew ihre Mischung aus Burger und Sandwich – und am späten Abend wird im Lokal getanzt. Am Wochenende legen wechselnde DJs auf.

WO? Gabelsbergerstraße 24
www.enricopallazzo.de

Im Keller des gleichnamigen Restaurants öffnet samstags die Bar **CHARLIE**: Der getischlerte Tresen aus Eichenholz wird hell angestrahlt, ansonsten ist im Club fast alles dunkel und reduziert gehalten, damit die Lichteffekte auf der Tanzfläche zur Geltung kommen: In die Wände, die Decke und den Fußboden sind LEDs eingearbeitet, die verschiedene Achsen im Raum bilden. So lässt es sich in ironisch-futuristisch anmutender Atmosphäre in den nächsten Morgen tanzen.

WO? Schyrenstraße 8
www.bar.charl.ie

Große Spiegel an den Wänden, rotes Licht auf rotem Samt: Willkommen in der **PARADISO TANZBAR**. Einst war hier das Old Mrs. Henderson, in der Freddie Mercury das Video zu »Living on my own« drehte. Mit dem verruchten Image aus alten Zeiten spielt das Paradiso gekonnt. Zwei Bars, eine kleine Sitzecke und im Zentrum die blinkende Tanzfläche, die sich wochenends rasend schnell füllt. Ab und an gibt es auch Burlesque-Shows verschiedener Künstler.

WO? Rumfordstraße 2
www.paradiso-tanzbar.de

SWING AND THE CITY ist eine Tanzschule, bei der der Spaß am Swing und weniger seine korrekte Ausführung im Vordergrund steht. Artverwandte Tänze wie Charleston oder Lindy Hop, aber auch Burlesque stehen auf dem Kursprogramm. Wer sich erst einmal ausprobieren will, besucht den Schnupperkurs, der vor jeder Tanzparty angeboten wird. Derzeit finden die meisten Veranstaltungen im Tanzstudio OnStage statt; doch auch in der Kongressbar oder bei schönem Wetter im Dianatempel des Hofgartens sind die Tanzabende zu finden.

WO? Grafinger Straße 6, Zündappbogen 9, Kultfabrik
www.swingandthecity.com

Der Kaffee von morgen

Die Philosophin unter den Cafébars? »Sometimes life is just bitter. Your coffee should't be like that.« Der Kaffee wird bei den **MAN VERSUS MACHINE COFFEE ROASTERS** vor Ort handgeröstet und dann wahlweise handgebrüht (»man«) oder durch die »machine« gepresst. Im Laden findet sich säckeweise Kaffee in wechselnden Sorten; die schlichte Deko mit vielen Lampen schafft eine entspannte Atmosphäre. Dort wird Kaffee zelebriert – besser nicht nach Zucker fragen! – und man munkelt, der Franzbrötchen-Trend in München wurde hier losgetreten.

WO? Müllerstraße 23, www.mvsmcoffee.com

Rösterei, Laden, Café und Kaffeeschule in einem. Im ehemaligen Walzenboden der Kraemer'schen Kunstmühle am Auer Mühlbach hat das **CAFFÉ FAUSTO** sein Domizil. Hier werden unterschiedliche Kaffeeröstungen produziert und verkauft, mehrere Sorten sind Bioqualität. Im Café gibt es auch Paninis oder ein Mittagsgericht; ab mittags scheint die Sonne auf die kleine Terrasse.

WO? Birkenleiten 41, www.caffe-fausto.de

Die **SAN LUCAS KAFFEEWIRTSCHAFT** schafft den Spagat, hier es geht ums Wesentliche: Die Qualität des Kaffees ist hoch, das Ladenlokal ist eine unaufgeregte Oase für die kleine Auszeit. Also kein Hipster-Laden und auch kein Welt-Café – sondern ein Ort, der Genuss, Muße und einen schönen Ausblick auf die Augustenstraße bietet. Das eigentliche Herzstück ist die fundierte Auswahl guter Röstungen für zu Hause, die auf Wunsch frisch gemahlen werden.

WO? Augustenstr. 113

Im hohen Münchner Norden versteckt sich die Traditions-Kaffeerösterei **SCHNEID** zwischen Autohäusern. Seit 1955 röstet die Familie Schneid über Generationen hinweg Kaffee – das Rattern der Röstmaschine schallt durch das Gebäude, in dem auch die Verpackung der Bohnen abgewickelt wird und das Ladengeschäft inklusive kleinem Café untergebracht ist. Besonders gut schmeckt der Kaffee mit einem Stück hausgebackenem Kuchen auf der kleinen Terrasse. Samstagnachmittag und Sonntag geschlossen.

WO? Feldmochinger Straße 378
www.schneid-kaffee.de

Seele

Um der Seele Münchens und dem, was sie ausmacht, auf die Spur zu kommen, braucht es Neugierde – sie offenbart sich nämlich erst in den kleinen und großen Geschichten, die in München tagtäglich erzählt und erlebt werden.

Da geht es natürlich auch um Klischees – denn was München einst geprägt hat beziehungsweise was bis heute der Stadt ihren einzigartigen Charakter verleiht, sind natürlich auch Bier, BMW, die Isar oder der FC Bayern. Obwohl da ja jeder Münchner so seine ganz eigene Meinung hat: Zwischen großer Liebe und genervtem Granteln ist alles dabei. Das gleiche gilt für das Wetter – ein Klassiker des Münchner Tagesgesprächs! Die einen wehklagen über den Föhn, die anderen freuen sich über den weiten Blick bis zur Zugspitze, oder den Malzgeruch, der von den Brauereien verströmt wird: Ja, manchen geht er auf die Nerven. Aber es gibt kaum einen schöneren Moment, als wenn die Morgensonne über der Stadt aufgeht und es plötzlich, wie schon seit vielen hundert Jahren, überall nach Malz riecht. Besonders stark ist der Geruch übrigens, wenn gerade der Luftdruck sinkt – kleine Münchner Wetterregel.

Föhn

Vermutlich ist der Föhn eines der wichtigsten Naturphänomene für München – denn er ist die objektive Begründung für die subjektiv gefühlte Wahrheit, dass das Wetter hier besser ist als anderswo. Und er rückt das Alpenpanorama bis fast vor die Münchner Haustür. Also muss man nur eine erhöhte Stelle finden, von der aus man gut gen Süden blicken kann, um die Sonne und den Blick in die Berge ganz ohne Ausflugsaufwand genießen zu können. Als das Möbelspektakel-Haus Kare in das umgebaute Heizkraftwerk im Münchner Süden zog, eröffnete neben einem upmarket-Möbelhaus auch eine neue gastronomische Dachterrasse: die **KÜCHE IM KRAFTWERK**. Der Blick von der Außenfläche ist zu jeder Tageszeit beeindruckend – und bei Föhn treten die Berge unglaublich nah vor die Augen des Betrachters. Im Restaurant wechselt täglich das Angebot, es gibt auch Kuchen – und morgens Frühstück.

WO? Drygalski-Allee 25
www.diekuecheimkraftwerk.de

Am **OLYMPIABERG** kann man in freier Natur über Stadt und Alpen blicken. Das 360-Grad-Panorama von hier oben ist zu jeder Jahres- und Tageszeit beeindruckend. Vor allem bei Föhn ist der Olympiaberg immer einen Ausgucksausflug wert – man kann die Zugspitze sehen! Einmalige Stimmung herrscht hier auch, wenn Konzerte im Olympiastadion stattfinden. Am besten sucht man sich, ausgestattet mit Picknickkorb und Decke, ein schönes Plätzchen auf der Wiese und lauscht der Musik, während man den Blick in die Ferne schweifen lässt.

WO? Martin-Luther-King-Weg

Das (neue) **TECHNISCHE RATHAUS** hinter dem Ostbahnhof besteht aus mehreren Gebäuden, die um einen begrünten Innenhof herum angesiedelt sind. In Haus 4 ist das runde Hochhaus integriert, das 63 Meter hoch ist. Betreten ist erlaubt – hinter der vorzüglichen Espresso-Bar im Erdgeschoss befinden sich die beiden Aufzüge, die einen in den 18. Stock befördern. Dort eröffnet sich ein Rundum-Panorama mit einem spektakulären Blick Richtung Berge und über das gesamte Stadtgebiet. Unterhalb des Technischen Rathauses fahren die Züge, und man blickt ins neue Werkviertel, den früheren Kunstpark Ost. Im Innenhof gibt es noch eine Besonderheit: das Kunstwerk »Courtyard in the Wind« des New Yorkers Vito Acconci. Im Boden ist eine riesige Drehscheibe eingelassen und auf dem Dach des Hochhauses befindet sich ein spezieller Rotor. Sobald

Föhn.

dieser vom Wind angetrieben wird, erzeugt er Strom, der die Scheibe langsam in Bewegung setzt.

wo? Friedenstraße 40
www.muenchen.de, Stichwort: Technisches Rathaus

Dreimal im Jahr findet die Auer Dult auf dem Mariahilfplatz für jeweils neun Tage statt. Sowohl zur Maidult (Beginn am Samstag vor dem 1. Mai), zur Jakobidult (Beginn am Samstag nach Jakobi, Ende Juli) als auch zur Kirchweihdult (Beginn am Samstag vor Kirchweih, Mitte Oktober) bietet die Pfarrei der katholischen **MARIAHILFKIRCHE** Führungen auf den Kirchturm an. Diese beginnen am Nachmittag zur vollen Stunde, Plätze reserviert man am Infostand der Kirche. Allerdings dürfen nur 12 Personen teilnehmen. Die Aussicht von der Brüstung des Turmes reicht weit über die ganze Stadt und bis in die Berge. Einige der Führungen sind mit einer Darbietung des Carillons verbunden – das Instrument in gut 60 Meter Höhe besteht aus 65 Glocken und ist einzigartig in München.

wo? Mariahilfplatz 11
www.auerdult.de

Bussi, Bussi, Sonnenbrille

Früher hieß **BUSSIS KIOSK** St. Moritz – aber auch der heutige Name, der eine Anspielung auf den Nachnamen der Besitzerin ist, trifft es: Mitten im alten Schwabing zwischen Englischem Garten und Münchner Freiheit gelegen, herrscht doch urplötzlich, wenn man in die Gunezrainerstraße einbiegt, eine träge, pseudo-alpine Stimmung. Der Kiosk ruft – mit gedeckten Tischchen, allerlei Krimskrams und seinen fidelen Stammgästen. Wer hier ein Plätzchen ergattert, der vergisst bald, dass er eigentlich noch spazieren gehen wollte.

WO? Gunezrainerstraße 6
www.bussis-kiosk.de

Eine kleine Legende direkt an der Ludwig-Maximilians-Universität ist das Café an der Uni – besser bekannt unter der Abkürzung **CADU**. Warum aber sitzen die Münchner vor dem Caféhaus, direkt an der Straße, und die Touristen lieber im Innenhof? Drinnen wäre es ein wenig lauschig, ja gemütlich – vor dem Cadu dagegen sitzt man direkt am Geh- und Fahrradweg und vor allem: an der Ludwigstraße. Man trinkt seinen Kaffee quasi inmitten des dröhnenden Verkehrs. Und genau deshalb sitzt der Münchner lieber vor dem Cadu: Er bekommt dort die Sonne ins Gesicht und jede Menge Flaneure zu sehen.

WO? Ludwigstraße 24
www.cadu.de

Das **SEEHAUS** liegt ja eigentlich sehr idyllisch: mitten im Englischen Garten, am Kleinhesseloher See, wo es Schwäne, Enten und Ruderboote gibt. Aber auch sehr viele Menschen, die sich dicht an dicht an Biertischen drängen. Hier mischen sich auch Besucher aus dem Münchner Umland unter das Publikum, allen voran Starnberger. Und warum? Wahrscheinlich, weil es in diesem Biergarten auch Sushi gibt. Und weil das Seehaus fast schon zu gut mit dem Auto zu erreichen ist: Der Isarring, der den Englischen Garten in einen südlichen und einen nördlichen Teil zerschneidet, liegt direkt hinter dem Biergarten – was man leider auch hört. Ein Must-See eines jeden Sommers bleibt der Spot aber trotz allem.

WO? Kleinhesselohe 3
www.kuffler.de/de/seehaus.php

Das Café an der Uni – kurz: Cadu.

Wer auf der Suche nach der passenden Sonnenbrille ist – der gehe zu **EYE SPY OPTIK** nahe der Münchner Freiheit. Auf dem Schaufenster des Ladens, der heimlicher Dreh- und Angelpunkt des Viertels ist, steht das schöne (etwas abgewandelte) Zitat von Fanny zu Reventlow: »Schwabing ist kein Ort, sondern ein Zustand.« Hier gibt es gut ausgesuchte, schöne und doch bezahlbare Modelle. Aber vor allem der Inhaber Günter Radauer ist ein Original. Als Meister seines Fachs beherrscht er die Kunst, einem Kunden genau eine Brille auf die Nase zu setzen und – siehe da – diesen glücklich zu machen. Natürlich gibt es die Sonnenbrillen auch mit geschliffenen Gläsern – fürs Vermessen der Augen muss nur ein Termin vereinbart werden, am einfachsten telefonisch unter: 089 388 798 46.

wo? Feilitzschstraße 13

Am Kleinhesseloher See.

Tradition

Die Münchner **OPERNFESTSPIELE** schließen traditionell die Saison ab, ehe das Nationaltheater in die Sommerpause geht – geboten ist eine Vielzahl von hochkarätigen und einmaligen Aufführungen als Höhepunkt des Opernjahres. Nur: Schon unter dem Jahr ist es schwierig, an Karten zu kommen, zu den Festspielen wird es dann besonders kompliziert. Folgende Tradition hat sich entwickelt: Schon am Abend des vierten Tages vor Beginn des offiziellen Vorverkaufs beginnt das inoffizielle Anstehen. Eine »Gruppe engagierter Operngänger« erstellt hierbei um 22 Uhr eine Anstehliste. Man erhält seine Nummer aus einem privaten PKW, der vor der Oper parkt. Bis nun drei Tage später die Kasse öffnet, muss man immer wieder am PKW vorbeischauen und sich zurückmelden. Tagsüber mindestens alle zwei Stunden, aber auch dreimal mitten in der Nacht. Wer in diesem vorgegebenen Rhythmus zweimal nicht auftaucht, fliegt von der Liste. Erlaubt ist, sich zu Anstell-Teams zusammenzutun, um ab und zu zu schlafen oder sich aufzuwärmen, denn der Vorverkauf beginnt im Januar. Wenn dann drei Tage später die Kasse geöffnet wird, übernimmt die Staatsoper die Anstehliste für die Schlange vor der Kasse – und verteilt Butterbrezn und Tee. Wem das jetzt doch zu umständlich ist, dem bleibt die kostenlose Open-Air-Veranstaltung »Oper für alle«.

WO? Nationaltheater (Staatsoper),
Max-Joseph-Platz 2
www.staatsoper.de/karten-infos/kartenkauf.html

Im Oktober werden die Gewässer im **NYMPHENBURGER SCHLOSSPARK** abgefischt: Der Fischereiverein Odelzhausen beginnt an einem Samstag in aller Früh mit der Arbeit. Vor allem große Spiegelkarpfen werden gefangen und ab 9 Uhr lebend in großen Bottichen der interessierten Käuferschaft zur Auswahl präsentiert. Der Verkauf findet vor dem Johannisbrunnhaus statt (in der Nähe des Eingangs zum Museum Mensch und Natur). Den genauen Termin gibt die Bayerische Schlösserverwaltung einige Tage vorher als Pressemeldung sowie im Newsletter bekannt.

WO? Schloss Nymphenburg 1

Einige wenige Zellen der **JUSTIZVOLLZUGSANSTALT MÜNCHEN** – so der offizielle Titel von »Stadelheim« oder »St. Adelheim« – liegen mit Blick auf die Straße, was besonders am 31. Dezember von Interesse ist: In der Silvesternacht zieht seit

Die Tickets für das Nationaltheater sind begehrt.

einigen Jahren ein Trüpplein Demonstranten aus Solidarität mit den Gefangenen zum Gefängnis. In einer der Seitenstraßen wiederum versammeln sich An-
gehörige von Inhaftierten, um gemeinsam etwas weniger einsam zu sein und
zusammen den Start in das neue Jahr zu begehen – die räumliche Nähe zu ihren
Lieben zelebrieren sie, indem sie versuchen, ihre Raketen so zu schießen, dass
die Gefangenen sie sehen können.

wo? Stadelheimer Straße 12

Der **FISCHBRUNNEN** war einst ein Metzgerbrunnen – so stellt das zumindest die
Metzgerinnung München dar. Früher wurden Metzger-Lehrlinge nach einem
Sprung in den Brunnen »freigesprochen«, also zum Gesellen erklärt. Die Tradition kam im 20. Jahrhundert etwas ins Stocken, 1958 wurde der Metzgersprung
wegen einem Nitrit-Skandal abgesagt. Seit den 90er-Jahren findet er aber wieder
regelmäßig statt – alle drei Jahre im September, das nächste Mal 2019.

wo? Marienplatz 1

BMW

BMW und München – eine verzahnte Geschichte. Mitten in der Stadt ein Automobilwerk. Für viele Münchner ist BMW das Gelände hinter dem Olympiapark; doch der Konzern belegt in der Stadt deutlich größere Flächen. 330 Hektar im Stadtgebiet, mehr als Innenstadt und Lehel zusammen, gehören BMW. Wer die Schleißheimer Straße Richtung Norden entlang fährt, bekommt einen guten Überblick über die Ausdehnung – und die Bedeutung – des Herstellers. Und eine Vorstellung davon, wie massiv sich der Münchner Norden bis 2050 verändern wird: Denn BMW hat große Flächen, unter anderem die der früheren Kronprinz-Rupprecht-Kaserne, erworben, winkt mit 15.000 neuen Arbeitsplätzen, baut Hallen und Büros und braucht außerdem Platz für 10.000 Test- und Versuchsfahrzeuge. Dafür hat die Stadt auf 16 Hektar Baugrund für viele Wohnungen verzichtet.

Entlang der Schleißheimer Straße schlägt das Herz des Konzerns im FIZ (Forschungs- und Innovationszentrum). Hier starten auch die »Erlkönige« (Prototypen und Testwagen), die mit Krisselfolie oder wuchtigen Umbauten vor neugierigen Blicken getarnt werden. Die BMW-ALLEE ist eine Privatstraße, daher nicht auf Stadtplänen oder per Navi zu finden. Richtung Norden, nach der Max-Diamand-Straße, die nächste Straße rechts. Und dann zwischen Kasernen-Resten und Baustellenbereichen die Augen offen halten.

WO? Rund um die »BMW-Allee«
www.fizfuture.com

FÜHRUNGEN durch das BMW-Werk finden nur Montag bis Freitag statt, normalerweise muss man sich mehrere Monate im Voraus anmelden. Treffpunkt ist dann einer der Infoschalter in der BMW-Welt. Dauer: circa 2,5 Stunden, die Führung hat eine Wegstrecke von etwa zwei Kilometern, besichtigt werden vor allem die Werkhallen im Rücken der BMW-Welt.

WO? Am Olympiapark 1
www.bmwgroup-werke.com/muenchen/de/unser-werk/werkfuehrungen.html

Meditatives Tanzen? Gewaltfreie Kommunikation? Oder lieber ein Abend in Achtsamkeit? Zwischen BMW-Service und MINI-Niederlassung versteckt sich der Eingang zum **BMW-NACHBARSCHAFTSFORUM**. BMW stellt hier Räumlichkeiten zur Verfügung, in denen Seminare, Vorträge und kulturelle Veranstaltungen für Mitarbeiter und Bürger stattfinden sollen. Ob aus reiner Selbstlosigkeit des Konzerns oder nicht – in der Riesenfeldstraße / Ecke Petuelring finden un-

Schöne Aussicht.

terschiedliche Initiativen einen Raum, von der Evangelischen Kirche über die Volkshochschule bis hin zur buddhistischen Gemeinschaft für achtsames Leben. Termine finden sich auf den Webseiten der jeweiligen Veranstalter; regelmäßige Angebote meist abends an Werktagen. Das Mantrische Singen für Frieden findet stets am Ostermontag statt.

WO? Riesenfeldstraße 7

So viele Sehenswürdigkeiten sind sonst nur vom »Alten Peter« aus zu bestaunen: Vor dem bogenförmigen Panorama-Fenster der **PIZZA-HUT-FILIALE** stehen BMW-Welt (55.000 Kubikmeter verbauter Beton), BMW-Museum (»Weißwurstkessel«), BMW-Vierzylinder (Hauptverwaltung, denkmalgeschützt) und natürlich der Olympiaturm (291 Meter). Mit diesen Unikaten kann das Gebäude des Pizza-Ladens zwar architektonisch nicht so ganz mithalten, aber das sieht der Besucher selbst ja nicht. Die 135 Sitzplätze im Außenbereich sorgen durch die Nähe zum Petuelring on top noch für das passende akustische Flair.

WO? Lerchenauer Straße 42
www.pizzahut.de/restaurants-express/portraits-der-restaurants/
lerchenauerstrasse-muenchen/

SEELE

Betriebsbesichtigungen

München von unten! Max von Pettenkofer plante die Münchner **KANALISATION** – zunächst gegen den Widerstand der Stadtverwaltung, die Zweifel an der Umsetzbarkeit des teuren Projekts hatte. Angeblich wurde auch deswegen an der Kunstakademie ein so komfortabler Einstieg gebaut, der es dem Bürger ermöglicht, sich alles selbst anzuschauen. Die Führungen der Stadtentwässerungswerke dauern etwa zwei Stunden und enden zum Beispiel im Schenkendorfbecken, einem von 14 Regenrückhaltebecken – gigantische Kathedralen, die bei starkem Regen in wenigen Minuten vollaufen.

Eine Anmeldung ist nur telefonisch unter 089 233 620 08 möglich – man sollte mindestens einen Monat im Voraus reservieren. Das Klärwerk Gut Großlappen kann nur am Tag der offenen Tür besichtigt werden – oder im Rahmen einer Gruppenführung. Diese vereinbart man telefonisch unter 089 233 391 04.

WO? Akademiestraße / Ecke Türkenstraße
www.muenchen.de/mse

Der Bauch der Stadt: Die **GROSSMARKTHALLE** ist der Umschlagplatz für schier unendliche Mengen an Obst, Gemüse, Blumen und vielem mehr. Etwa ein- bis zweimal im Monat bietet München Tourismus Führungen an – Beginn ist um 8.30 Uhr, die Führungen finden während des laufenden Betriebs der Großmarkthalle statt und sind auch für Kinder ab 9 Jahren spannend; Dauer etwa zwei Stunden. Anmeldung unter tourismus.guides@muenchen.de, Tel: 089 233 302 34 oder 089 233 302 04. Da der Auftrag für einen Neubau bereits vergeben ist, wird sich das Flair des Areals in den kommenden Jahren sicher stark verändern.

WO? Schäftlarnstraße 10

Organisiert vom **DGB** Bildungswerk Bayern bietet Tanja Wilking, die selbst als Aktmodell arbeitet, mehrmals im Jahr einen »philosophisch angehauchten« Spaziergang durch **SCHWABINGS KÜNSTLERATELIERS** an. Treffpunkt ist im Foyer der Akademie der Bildenden Künste – hier werden die Studenten auch heute noch im Aktzeichnen unterrichtet. Wenn die Maler und Modelle einwilligen, dürfen die Teilnehmer der Führung auch einen Blick in den Aktsaal der Kunstinstitution werfen.

WO? Akademiestraße 2–4
www.bildungswerk-bayern.de/muenchenprogramm, www.rodinmuse.de

Zugang zur Führung in der Kanalisation.

Das städtische **KREMATORIUM AM OSTFRIEDHOF** kann regelmäßig bei geführten Rundgängen besichtigt werden. Diese finden von März bis Oktober alle 14 Tage statt, dauern zwei Stunden und sind kostenlos. Die Führungen dienen allerdings eher der Information: Man erfährt, wie eine Einäscherung abläuft, und es werden Fragen rund um das Thema Feuerbestattung beantwortet. Alle Termine stehen auf der Webseite der Städtischen Friedhöfe, eine Anmeldung telefonisch oder per E-Mail ist erforderlich.

Das Krematorium hat übrigens eine dunkle Vergangenheit – tausende Opfer der Nationalsozialisten wurden hier verbrannt. Daran erinnert eine Stele vor der Anlage. In der Zukunft erwartet das Krematorium größere Veränderungen: Ein Neubau ist in Arbeit; und schließlich soll auf dem Gelände auch ein Café einziehen, damit die Aussegnung, Einäscherung, Beisetzung und auch der Leichenschmaus an einem Tag und Ort stattfinden können.

WO? St.-Martin-Straße 41
www.muenchen.de, Stichwort: Friedhöfe und Krematorium

Alte Manufakturen

Die letzte Wachszieherei in München ist seit über 150 Jahren in Familienbesitz. Die Brüder Fürst haben das Geschäft mit den traditionellen gezogenen Kerzen untereinander aufgeteilt: Franz Fürst betreibt den Laden **DER WACHSZIEHER AM DOM**, Thiereckstraße 2; Bernhard Fürst die Produktion in der Uttinger Straße. »Gezogen« heißen die Kerzen deshalb, weil man den Docht bei der Herstellung immer wieder durchs Wachs-Becken zieht und dabei Schicht für Schicht eine Kerze entsteht. Nach telefonischer Absprache ist eine Besichtigung dieses traditionellen Betriebs möglich: 089 714 45 61.

WO? Uttinger Straße 18
www.wachszieherei.de

Seit über 100 Jahren wird in einem Hinterhaus in der Maxvorstadt aus Metall Kunst. Künstler bringen ihr Tonmodell in die **KUNSTGIESSEREI MÜNCHEN**, um eine aus Metall gegossene Skulptur erarbeiten zu lassen: In der Wachserei wird alles vorbereitet, ehe in der Gusshalle der Schmelzofen seine Arbeit tut. Anschließend wird in der Ziselierwerkstatt nachbearbeitet. Die Gießerei bietet regelmäßig Veranstaltungen an, bei denen das Kunstgießen in allen seinen Arbeitsschritten vorgeführt wird. In einer kleinen Galerie werden wechselnde Ausstellungen gezeigt – bei den Vernissagen findet ebenfalls eine Demonstration des Gussverfahrens statt.

WO? Schleißheimer Straße 72 (Hinterhaus)
www.kunstgiesserei-muenchen.com

Der letzte Böttchermeister Münchens: Die Firma Wilhelm Schmid fertigt in vierter Generation Holzfässer: vor allem für Münchner Bier, aber auch für Wein, außerdem Zuber und Kübel für Pflanzen oder die Sauna sowie »Fassmöbel« und Bierkrüge aus Holz. Angeschaut werden kann der Betrieb im Rahmen von Führungen, die zum Beispiel vom DGB Bildungswerk Bayern angeboten werden. **FASS SCHMID** hat zwar kein klassisches Ladengeschäft, aber man kann vor Ort, auch als Privatkunde, gut einkaufen.

WO? Straubinger Straße 34
www.fass-schmid.de

Die **GUSTAV VAN TREECK WERKSTÄTTEN FÜR MOSAIK UND GLASMALEREI** wurden 1903 zur Bayerischen Hofglasmalerei ernannt. In einem Hinterhaus in der Maxvorstadt wird bis heute für die beziehungsweise an der Glaskunst gearbeitet: Neben der Restauration widmen sich die Werkstätten vor allem der Umsetzung von Glasmalereien, Fenstergestaltungen und Mosaiken. Hinzu kommt die Förderung von Glas-Designern: In der Edition van Treeck wurde unter anderem der Kerzenhalter »Gerhard« von Arwed Guderian produziert, der 2016 den German Design Award gewann.

Im hauseigenen Kunstraum van Treeck finden regelmäßig Ausstellungen statt, die nach Absprache besichtigt werden können.

WO? Schwindstraße 3
www.hofglasmalerei.de

Bier

Geht man heute den Nockherberg herunter, sieht man etwa auf halbem Wege auf der linken Seite das neue Paulaner Verwaltungsgebäude – ein Neubau um die denkmalgeschützte Fassade des **»ZACHERLBAUS«** herum –, das das letzte Relikt der langen Geschichte der Brauerei hier am Nockherberg darstellt, nachdem die gesamte Produktion nach Langwied umgesiedelt wurde.

Historisch geht es weiter – genau gegenüber des neuen Verwaltungsgebäudes befindet sich auf der anderen Straßenseite das Gelände des ehemaligen Paulanerklosters, das heute Teil des Landratsamts München ist. Von der **BAROCKEN KLOSTERANLAGE DER PAULANER-MÖNCHE**, die zwischen 1668 und 1675 erbaut wurde, ist heute nur noch der rechtwinklige Seitenflügel vorhanden. Nach Auflassung des Klosters 1799, Fremdnutzung und schließlich Teilabbruch 1902 wurde von 1987 bis 1991 dieser historische Gebäudeteil aufwendig renoviert und zusammen mit der Gartenanlage im Zuge der Erweiterung des Landratsamts in dessen Gebäudekomplex integriert. Bei der Renovierung wurden im Klostergang Wandmalereien aus dem 17. Jahrhundert freigelegt und teilweise restauriert. Die bis dahin übermalten Fresken entstanden 1686 und sind auf den Paulaner-Mönch Josef Schweiger zurückzuführen. Sie zeigen Szenen aus dem Leben des Ordensstifters Franciscus de Paula (1416–1507) und geben einen Einblick in die mönchische Tradition in der Au. Die Wandmalereien sowie der restaurierte Klostergang sind zu den Öffnungszeiten des Landratsamts frei zugänglich. Es handelt sich um den Gebäudeteil D, der entweder über den Haupteingang am Mariahilfplatz oder eine Passage an der Ohlmüllerstraße 33 zugänglich ist.

WO? Landratsamt, Mariahilfplatz 17

Es dauerte doch tatsächlich bis zum Jahr 2016, ehe in München die erste biozertifizierte Brauerei ihre Pforten öffnete. Das **HADERNER BRÄU** ist naturtrüb, unfiltriert und wird nur in kleinen Mengen hergestellt. Der Hofverkauf hat täglich geöffnet; jeden Freitag von 15 bis 18 Uhr lädt das Team zur Brauerei-Besichtigung ein. Dann dürfen die jungen Biersorten probiert werden. Außerdem lassen sich bei Haderner Bräu Brauseminare buchen, um alles über das Handwerk der Braukunst zu lernen.

WO? Großhaderner Straße 16
www.haderner.de

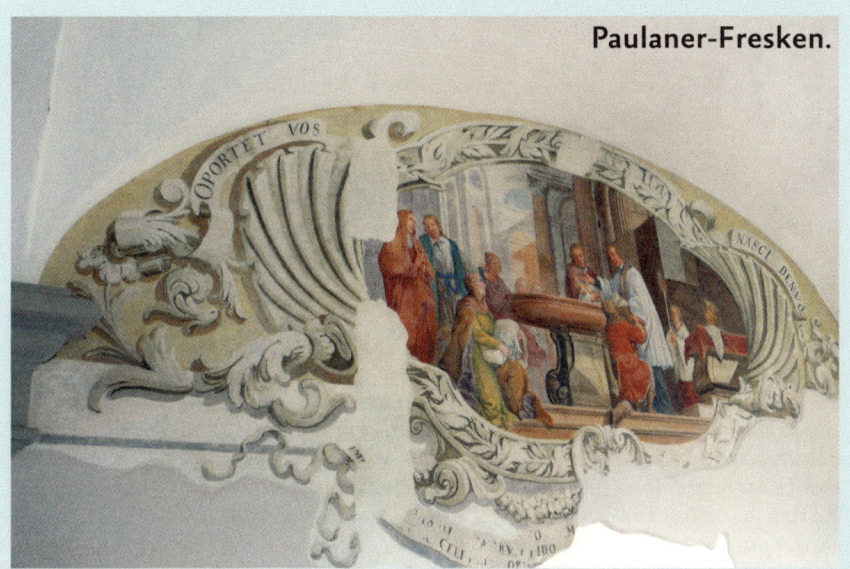

Paulaner-Fresken.

Gottfried Jakob war ein Bierpionier, der sein Leben der Herstellung von Bier widmete. 50 Patente meldete er Zeit seines Lebens an (zum Beispiel das DE 465812 C, ein Verfahren zum Zerkleinern des Hopfens). 1930 begründete er die **FORSCHUNGSBRAUEREI** – seither werden dort besondere Biere gebraut: rein handwerklich, ohne Automatisierung, ohne Pasteurisierung oder Filtrierung. Craft Beer quasi, seiner Zeit um Jahrzehnte voraus.

Die besonderen Biere kann man entweder in Ein- oder Zwei-Liter-Flaschen kaufen oder im angeschlossenen Bräustüberl verkosten, das Ambiente ist bodenständig, die bayerische Küche ausgezeichnet; vor allem die Spezialität des Hauses, das »Stundenhuhn«, dessen Zubereitung 60 Minuten dauert, sollte probiert werden – im Sommer am besten im schönen, schattigen Biergarten.

WO? Unterhachinger Straße 78
www.forschungsbrauerei.de

Da leuchten so manchem die Augen: Über zweihundert Biersorten bietet das **TAP HOUSE** an, hier kann man sich fachsimpelnd durch die Kunst (und die Abgründe) der Bierproduktion trinken. Bier-Sommeliers treffen auf gemütliche Genußmenschen, der Fokus der Karte liegt auf kleinen, individuellen Brauereien aus der ganzen Welt. Die Brauerei Camba Bavaria aus dem Chiemgau ist einer der Craft-Beer-Motoren hierzulande und eröffnete das Tap House 2013.

WO? Rosenheimer Straße 108
www.tap-house.de

FJS und CSU

München und die CSU: Hier ist es immer anders gewesen als im Bundesland. In Bayern dominiert die CSU (auch mit ihrem langjährigen Vorsitzenden Franz Josef Strauß) seit den späten 1950-ern durchgehend die Politik. In München aber stellte sie seit Gründung der BRD nur einmal den ersten Bürgermeister, ansonsten war (und ist) das Amt fest in der Hand der SPD. Trotz dieser unbequemen Nachbarschaft hat die CSU ihren Hauptsitz in der Landeshauptstadt; wer München und Bayern verstehen will, kommt an der Partei daher nicht vorbei.

2016 zog die CSU von der Nymphenburger Straße in den Norden, der Name der Zentrale blieb gleich: Das neue **FRANZ-JOSEF-STRAUSS-HAUS**, in dem früher der Langenscheidt-Verlag saß, liegt im Schatten der HighLight Towers an der Auffahrt zur A9. Hier tagt nun die Partei; der traditionelle Neumitgliederempfang findet ebenfalls hier statt. Auch die Redaktion des »Bayernkuriers« hat in dem Gebäude ihren Sitz. Wer sich einen Eindruck verschaffen möchte, wie eine Partei im Alltag arbeitet: Führungen werden für Gruppen angeboten – die Mitgliedschaft in der CSU ist dafür natürlich keine Voraussetzung.

WO? Mies-van-der-Rohe-Straße 1
www.csu.de

Eines der Lokale, in das Strauß gerne ging, war **BEI MARIO** in der Adalbertstraße. Das lustige ist: Dieser Tisch in Münchens ältester Pizzeria existiert bis heute. Damit Strauß mehr Beinfreiheit hatte, wurde ihm ein Loch in die Seite des Tisches an seinem Stammplatz gesägt. Strauß wuchs übrigens nicht weit von hier in der Maxvorstadt auf – im Rückgebäude der Schellingstraße 44.

WO? Adalbertstraße 15
www.ristorante-bei-mario.de

Als 2015 ein Einfamilienwohnhaus mit Einliegerwohnung, Schwimmbad und Doppelgarage zur Zwangsversteigerung angemeldet wurde, war die Aufmerksamkeit groß: Schließlich handelte es sich um den **FAMILIENWOHNSITZ VON STRAUSS** – heute in Besitz von Sohn Franz Georg, der die Zwangsversteigerung noch abwenden konnte. In den 1970-ern wurde das Haus wegen der Bedrohung durch die RAF stark gesichert. Ein Wachhaus im Vorgarten war damals stets mit Polizisten besetzt.

WO? Hirsch-Gereuth-Straße

Seit Jahrzehnten ein guter Treffpunkt.

Die traditionelle Wirtschaft **ZUM FRANZISKANER** in der Altstadt ist seit Jahrzehnten auch ein CSU-Treff. Neben dem Stammtisch der Stadtratsfraktion finden hier seit Straußens Zeiten inoffizielle Gespräche und Treffen verschiedener Ebenen der Partei statt. Das liegt auch an der guten Lage: Zum Rathaus, zu den Ministerien sowie zur Staatskanzlei ist es jeweils nicht weit und der Nebeneingang in der Perusastraße ermöglicht es, ohne größeres Aufsehen das Lokal zu erreichen. Am Stammtisch hängt auch die traditionelle Schützenkette der Stadtratsfraktion.

WO? Residenzstraße 9
www.zum-franziskaner.de

Die neue Parteizentrale.

60 versus Bayern

Wer einem FC-Bayern-Spieler privat über den Weg laufen will, der hat in **H'UGO'S PIZZA – BAR – LOUNGE** Chancen: Gleich mehrere Spieler und Ex-Profis gehören zu den Stammgästen. Reservieren ist (fast) Pflicht für alle, die Trüffelpizza, neben Fußball-Größen auch C-Promis, Gewusel und Getue erleben möchten. Um einen ersten Blick zu erhaschen, flaniert man einfach die öffentlich zugängliche Commerzbank-Passage entlang: Sie beginnt am Promenadeplatz, führt über die Terrasse des H'ugo's und endet fast vor der Frauenkirche.

WO? Promenadeplatz 1–3
www.hugos-pizza.de

Das **STADION AN DER GRÜNWALDER STRASSE** ist der Schmelztiegel der Leidenschaften, wenn es um den TSV 1860 geht. Immer wieder gibt es neue Diskussionen über die Politik und den zukünftigen Kurs des Vereins, die in der Lokalpresse genüsslich ausgebreitet werden. Eine wesentliche Rolle spielt dabei oft die Frage, ob der Verein nicht lieber in das angestammte Stadion zurückkehren und eine Art Stadtteil-Verein nach dem Vorbild von St. Pauli werden sollte. Das Stadion, das aktuell nur für 15.000 Zuschauer zugelassen ist, ist und bleibt jedenfalls eine Institution. Spielt der TSV 1860 hier, kann man hautnah erleben, wie wichtig der Verein vielen Münchnern ist. Ansonsten kickt im Grünwalder Stadion auch die zweite Mannschaft des FC Bayern.

WO? Grünwalder Straße / Ecke Candidstraße
www.gruenwalder-stadion.com

Der **FC BAYERN** bietet die Möglichkeit an, den Spielern beim **TRAINING** zuzuschauen – gerade in den Schulferien nehmen viele Münchner diese Chance wahr, um den Profispielern etwas näherzukommen. Wer Glück hat, bekommt auch anschließend sein Trikot signiert.

Die Trainings finden ein- oder mehrmals in der Woche statt; der Zugang zum Vereinsgelände ist dann kostenlos. Für kleinere Kinder ist die Sicht aller-

Giesinger Liebeserklärung.

dings an vielen Stellen durch die Werbe-Banden eingeschränkt, was Armmuskel-Training für die erwachsene Begleitung bedeuten kann. Der Paulaner-Treff, die Gaststätte neben dem Platz, hat dann auch geöffnet; er wird übrigens von Alfons Schuhbeck betrieben.

WO? Säbener Straße 51–57
www.fcbayern.com/de/club/saebener-strasse/besucher-info

Hier wird gefeiert, wenn die Bayern verlieren: Giesing ist das Stadtviertel, das mit den 60ern am engsten verbunden ist; und das **MAIBAUMSTÜBERL** in Untergiesing ist eine der Fan-Hochburgen.

WO? Obere Weidenstraße 1

Come to the River

Der **HACHINGER BACH** fließt durch Perlach und Ramersdorf in Süd-Nord-Richtung. Das Schöne ist, dass er hier zu großen Teilen ein sichtbares Bachbett hat (viele Bäche in München wurden trockengelegt oder verlaufen in Kanälen und Rohren). Ein lieblicher Ort, um sich mit einem Eis an den Bach zu setzen, ist der Pfanzeltplatz in Altperlach. Das Eis gibt es bei Il Gelato Italiano – auf Wunsch auch mit wilden Toppings; die dörfliche Szenerie rund um die Kirche St. Michael bietet genügend Möglichkeiten, am Bächlein sein Eis zu schlecken.

WO? Pfanzeltplatz

Einige Häuser der Mondstraße in Untergiesing grenzen mit ihren Hinterhöfen an den **AUER MÜHLBACH**. Schön anzuschauen ist das von der Voßstraße aus. Man biegt hier um zwei Ecken und fühlt sich plötzlich an die Gracht einer holländischen Kleinstadt versetzt. Und wirklich, hier ist auch ein besonderes Fleckchen München: Viele Kreative haben sich hier angesiedelt – sie veranstalten einmal im Jahr die Mühlbachtage. An einem Wochenende im Juli öffnen dann die teilnehmenden Ateliers und Werkstätten ihre Türen für neugierige Besucher. Ein nettes Wirtshaus ganz in der Nähe ist das fiedler & fuchs in der Voßstraße 15.

WO? Voßstraße 3
www.muehlbachviertel.de

Das Alpine Museum auf der Praterinsel steht eigentlich auf der **FEUERWERKS-INSEL**, aber 1888 wurde der trennende Graben aufgeschüttet. Ein guter Startpunkt, um sich im Halbschatten ans Wasser zu setzen oder schwimmen zu gehen, wenn es Wetter und Wasserstand zulassen. Hier kommen Münchner Familien an den Fluss, es geht gemütlich zu, die Kinder bauen Dämme, auf den Kiesbänken sitzen und liegen alle, die sich sonnen wollen. Abends taucht die Lichtinstallation »Licht gießen« von Joachim Fleischer an den Wasserfällen des Wehrstegs das Areal in wechselndes, kühles Licht.

WO? Praterinsel 5

Die **WÜRM** vergisst der Münchner meist und denkt nur an die Isar. Dabei fließt sie, vom Starnberger See kommend – der ja früher noch Würmsee hieß – auch ein großes Stück durchs westliche Stadtgebiet. Besonders schön ist sie im Pa-

Am Hachinger Bach.

singer Stadtpark, wo der Fluß sich durch ein Gebiet mit alten Bäumen, lauschigen Ecken und großen Wiesen schlängelt – ein Idyll zu jeder Jahreszeit. Am Ende des Parks passiert sie mehrere religiöse Stätten: Das Kloster der Congregatio Jesu, ein Frauenorden, allgemein als Englische Fräulein bekannt. Innerhalb des großen Klostergartens kann man, wenn man ihn umrundet, eine Insel entdecken – im Gebäude auf dieser Insel verbirgt sich Pasings ältestes Gemäuer, denn sein Keller ist der Überrest eines Schlosses. Das Kloster kann man leider nur in Ausnahmefällen besichtigen, die Klosterkirche an der Institutstraße ist aber mittwochs ab 14 Uhr geöffnet. Nur wenige Meter weiter steht Mariä Geburt, an deren Stelle seit 1315 eine Kirche nachgewiesen ist; betreut wird sie vom Orden der Passionisten, dessen Männerkloster St. Gabriel sich in der Engelbertstraße verbirgt.

Flair der Voßstraße.

wo? Am Klostergarten

Friedhöfe

Der **FRIEDHOF RIEM** besteht aus einem alten und einem neuen Teil. Der alte Teil wurde vor über 100 Jahren angelegt – er ist deutlich kleiner als der neuere und klassisch angelegt. Der neue Bereich, der auch wegen der entstandenen Messestadt notwendig wurde, konnte 2001 eröffnet werden. Er ist in vielerlei Hinsicht besonders: Mehrere sogenannte Schollen, erhöhte, inselartige Bestattungsflächen in einer weiten Wiesenlandschaft, sind durch einen im Zickzack verlaufenden Weg verbunden. Weite Flächen des Areals sind noch ohne Gräber. An dessen Ende nahe der Autobahn steht eine markante Stele aus Beton. Die Trauerhalle wurde von den Architekten Stephan Köppel und Andreas Meck entworfen – ihre Gestaltung ist kühn und klar.

Auf dem Friedhof steht die Großplastik »Kreuz im Nichts« des Künstlers Hermann Bigelmayr: vier Eichenstämme, auf denen in 9 Meter Höhe eine Gneisplatte liegt. Erst wenn man das Innere der Plastik betritt und nach oben blickt, entdeckt man ein Kreuz. Weitere Besonderheiten auf dem Friedhof sind das Grabfeld Schiefe Kiefer für Frauen der Genossenschaft FrauenWohnen und die Gedenkstätte für ungeborenes Leben.

WO? Am Mitterfeld 68
www.muenchen.de, Stichwort: Friedhof Riem

Der **FRIEDHOF AM PERLACHER FORST** besteht seit 1931 und sollte nicht nur der schönste, sondern auch der größte Münchner Friedhof werden. Das erklärt, warum die Trauerhalle der Anlage mit ihren 35 Metern Höhe derart wuchtig gebaut wurde. Viele alte Bäume und Hecken verleihen dem Gelände seinen Charme. Die unmittelbare Nähe zum Gefängnis Stadelheim vergisst man nie: Dort wurden während der Willkürherrschaft der Nazis viele Menschen ermordet, von denen manche auf dem Friedhof am Perlacher Forst begraben wurden, darunter die Mitglieder des studentischen Widerstandskreises der Weißen Rose Sophie und Hans Scholl, Christoph Probst und Alexander Schmorell, ebenso wie Harald Dohrn und Hans Quecke, zwei Mitglieder der Freiheitsaktion Bayern, sowie Hans Leipelt, der der Weißen Rose nahestand. Seit 1950 wurden Ehrenhaine und Gedenkstätten für die Opfer aus den Konzentrationslagern, für die Opfer politischer Verfolgung, für Zwangsarbeiter und Verschleppte und für polnische Kriegsgefangene angelegt. Der Friedhof versteht sich als »Ort der Erinnerung, Mahnung und Versöhnung«.

WO? Stadelheimer Straße 24
www.muenchen.de, Stichwort: Friedhof am Perlacher Forst

Trauerhalle am Perlacher Forst.

Der **NEUE ISRAELITISCHE FRIEDHOF** der Israelitischen Kultusgemeinde München löste ab etwa 1907 den alten Friedhof in Sendling ab. Die Anlage ist als Waldfriedhof gestaltet worden; man betritt sie durch ein efeubewachsenes Tor neben dem Pförtnerhaus. Aus Glaubensgründen werden die Gräber hier nur wenig geschmückt und eher zurückhaltend gepflegt; Besucher bringen Steinchen oder ein Zettelchen mit Fürbitten mit. Efeu und andere wilde Pflanzen sind vorherrschend. Beeindruckende Grabstätten gibt es viele; hingewiesen sei daneben auch auf das Ehrenmal für gefallene jüdische Soldaten sowie die Gedenksteine für den Schriftsteller Gustav Landauer und den früheren bayerischen Ministerpräsidenten Kurt Eisner. Samstags und an jüdischen Feiertagen ist der Friedhof geschlossen; Männer und verheiratete Frauen müssen den Kopf bedeckt haben.

WO? Garchinger Straße 37
www.ikg-m.de/kultus-und-religion/friedhofe/neuer-israelitischer-friedhof

Der **WALDFRIEDHOF**, Münchens tatsächlich größter Friedhof, war der erste seiner Art in Deutschland: Etliche Bäume und geschwungene Wege erzeugen gerade im älteren Teil des Friedhofs eine märchenhafte Stimmung. Der neue Teil wurde in den 1960er-Jahren angelegt und ist nicht weniger beeindruckend: Ein See und Biotopflächen ergänzen das Gelände, es gibt außerdem viele Freiflächen. Hier befinden sich auch Deutschlands erstes islamisches Gräberfeld, Gräber der Liberalen Jüdischen Gemeinde Beth Shalom, ein italienischer Soldatenfriedhof sowie am westlichen Rand eine daran anschließende Kriegsgräberstätte.

WO? Fürstenrieder Straße 288 (Haupteingang)

Nur durch Führungen zu erreichen

Ludwig I. ließ Leo von Klenze den Königsplatz als Platz der Kultur gestalten, der die Ästhetik der griechischen Antike aufgreift. Gut einhundert Jahre später missbrauchten die Nazis den Platz für ihre Zwecke, bauten ihn radikal um und errichteten zahlreiche Bauten in der näheren Umgebung: an seiner Ostseite etwa den sogenannten Führerbau, in dem heute die **HOCHSCHULE FÜR MUSIK UND THEATER** ihren Sitz hat. Den Nazis diente das Gebäude vor allem zu Repräsentationszwecken; im ersten Stock wurde in Hitlers Arbeitszimmer das Münchner Abkommen geschlossen. 1945 richtete die US-Regierung hier den Central Collecting Point ein, der versuchte, Raubkunst ihren rechtmäßigen Besitzern zurückzugeben. Im Anschluss zog für einige Jahre das Amerika-Haus ein. Seit 1957 werden in den Räumlichkeiten Studierende in allen Musik- und Theaterfächern unterrichtet. Die Hochschule bietet in unregelmäßigen Abständen Führungen zur Geschichte des Gebäudes an, das stark unterkellert ist. Der einleitende Vortrag bezieht die wechselvolle Geschichte der Arcisstraße 12 mit ein.

WO? Arcisstraße 12
www.musikhochschule-muenchen.de

Seit 1761 befindet sich die **PORZELLANMANUFAKTUR NYMPHENBURG** im Nördlichen Schlossrondell der ehemaligen Wittelsbacher Sommerresidenz. Bis heute sind die gesamten Produktionswerkstätten vor Ort. In Zusammenarbeit mit bekannten Künstlern werden die einzelnen Stücke nach deren Entwürfen in Handarbeit hergestellt. Es kann bis zu 15 Jahre dauern, bis eine Fachkraft die Gestaltung der aufwendigen Dekore beherrscht. Nymphenburg bietet als eine von nur noch wenigen Ausbildungsstätten die Ausbildung zum Manufakturporzellanmaler und Figurenkeramformer an. Eine Übersicht über die aktuellen Kollektionen und Sammlungen bekommt man im Ausstellungsladen, der ebenfalls im Nördlichen Schlossrondell untergebracht ist. Führungen durch die Werkstätten werden in unregelmäßigen Abständen für Kunden angeboten.

WO? Nördliches Schlossrondell 8
www.nymphenburg.com

Das im Jahr 1737 fertiggestellte **ERZBISCHÖFLICHE PALAIS** befindet sich im Kreuzviertel, der bevorzugten Wohngegend des Münchner Hofadels im Zentrum der Stadt. An der Gestaltung des Rokokopalais, das in seiner Pracht noch zu bewundern ist, da es im Zweiten Weltkrieg nur wenig beschädigt wurde, waren die bedeutendsten Künstler jener Zeit beteiligt, darunter François de Cuvilliés, Johann Baptist Zimmermann und Johann Baptist Straub. Von überragender

Im Georgianum.

künstlerischer Bedeutung ist es auch, weil es das einzige Münchner Adelspalais ist, dessen innere Raumeinteilung und Ausstattung weitgehend erhalten sind. Das Gebäude ist für die Öffentlichkeit nicht zugänglich. Die einzige Möglichkeit, es zu besichtigen, sind Gruppenführungen des Münchner Bildungswerks – sie finden mit begrenzter Teilnehmerzahl und nur an bestimmten Tagen statt.

WO? Kardinal-Faulhaber-Straße 7
www.muenchner-bildungswerk.de/de/spezialfuehrungen.html

Die meisten kennen das Gebäude nur von außen. Gegenüber des Hauptgebäudes der Ludwig-Maximilians-Universität befindet sich das zweitälteste katholische Priesterseminar der Welt, das **HERZOGLICHE GEORGIANUM**, welches im Jahr 1494 in Ingolstadt gegründet und 1826 nach München verlegt wurde. Es verfügt heute über eine umfassende und äußerst wertvolle Sammlung christlicher Kunst des 11. bis 19. Jahrhunderts. Neben Malerei und Plastik finden sich in diesem Kunstkabinett seltene Passionstafeln, Monstranzen, Krippen, liturgisches Gerät und Messgewänder aus dem süddeutschen Raum. Die als Anschauungsmaterial gesammelten Werke schmücken noch heute die Hörsäle, Gänge, Zimmer und Studienräume des Hauses. Ausgewählte Einzelstücke werden in einer gesonderten kleinen Halle präsentiert, die man mit einer Führung besichtigen kann. Ab einer Gruppe von etwa fünf Personen kann über das Sekretariat gegen einen Unkostenbeitrag die Museumsführung gebucht werden.

WO? Professor-Huber-Platz 1
www.herzoglichesgeorgianum.de

Blogs über München

Die Webseite REFLEKTOR M kombiniert Magazin und Plattform für und über zeitgenössische Kunst in München. Zum einen bietet der sehr ansprechend und übersichtlich gestaltete Veranstaltungskalender Kunstinteressierten einen guten Überblick. Reflektor M ist aber noch mehr: In der Reihe »Profil« werden junge Künstler porträtiert; es erscheinen Artikel zum Kunstbetrieb, außerdem kuratiert Reflektor M eine eigene Edition, die käuflich zu erwerben ist. Treibender Motor der Webseite ist Maria Inés Plaza Lazo, die selbst Kuratorin von sehr lebendigen Veranstaltungen ist, bei denen man Kunst eher unkonventionell erleben kann. Der Newsletter hilft ungemein, um hier auf dem Laufenden zu bleiben.

WO? www.reflektor-m.de

Luise Heine frühstückt sich schon seit 2011 durch München und bloggt darüber auf KUCHEN ZUM FRÜHSTÜCK; inzwischen sind es so viele Tipps geworden, dass man ihre Beiträge nach Zielgruppen wie »Eltern« oder »Luxus« filtern kann. Seien es Fans des ausgedehnten Brunchs oder des kleinen Frühstücks – hier wird jeder fündig. Die subjektiven Beiträge sind gut gelaunt geschrieben und werden mit schönen Fotos abgerundet. Das Blog verzichtet auf Werbung sowie finanzielle »Anreize« durch die Gastronomen, ist also völlig unabhängig.

WO? www.kuchen-zum-fruehstueck.de

MUCBOOK versorgt seine Leser nicht nur mit einem Veranstaltungskalender, sondern vor allem mit Inhalten. Ob Kommentare zur Stadtpolitik oder Konzertberichte, Interviews oder die Rubrik »Warum tust Du das« – es ist die Vielfalt, die hier so großen Spaß macht. Möglich ist dies, weil Mucbook von einer großen Zahl an Journalisten, Bloggern und Fotografen bespielt wird.

WO? www.mucbook.de

Der öffentliche Nahverkehr in München hat viele
Nutzer – und auch diverse Fans. Auf **TRAMREPORT**
bloggt einer davon schon seit Jahren über das Ge-
schehen auf Münchens Gleisen – vor allem die
Trambahn hat es Frederik Buchleitner angetan. Wer
wissen will, wann und wo neue Trambahnen ein-
gesetzt werden; wo es Streckenänderungen oder
Neuplanungen gibt; und was sonst im öffentlichen
Nahverkehr Interessantes los ist – der ist hier genau
richtig.

WO? www.tramreport.de

REGISTER

Bildnachweis

August Dreesbach Verlag: 25, 51, 55, 59, 61, 65 (oben), 67, 68/69, 71, 75, 77, 86/87, 93, 111, 147, 155, 214/215, 223, 224/225, 229; Cowboy Club München: 127; digital cat (flickr): 137; Alexander Ehlich: S. 161; glore Handels GmbH: 39; Karl Gritschke: 145; Ute Gröbel: 141; Oliver Heißner, Archiv Geiger, München: 162/163; HNRX: 150/151, 153; Reinald Kirchner: 221; Judith Lohse: 27, 29, 41, 48/49, 65 (unten), 73, 79, 83 (unten), 85, 89, 91, 95, 97, 101, 105, 107, 109, 113, 115, 119, 121, 123, 124/125, 129 (unten), 131, 133, 135, 143, 149, 157, 159, 167, 169, 171, 173, 175, 177, 181, 183, 185, 187, 189, 191, 193, 195, 197, 199, 200/201, 203, 209, 211, 227, 231, 233, 235, 237, 239, 241, 243, 245; MAIWOLF: 207; Metropolico. org (flickr): 129 (oben); Julian Monatzeder: 34/35; Ravi Tomaso Pagnamenta: 83 (oben); Reflektor M: 247; Hannes Rohrer: 37; Simone Schirmer: 253 (Foto und Grafik); Soda: 31, Wannda e. V.: 159.

Die Autorin

Judith Lohse lebt schon immer in München. Als neugierige Radlerin saust sie durch die Stadt und hält die Augen offen, um neue und ungewöhnliche Dinge zu entdecken. Freunde, Nachbarn und Kollegen wissen, wie sehr sie Anekdoten und kleine Geschichten des Münchner Alltags liebt, sammelt und aufschreibt.

Danksagung

Für die zahlreichen Tipps, die abenteuerlichen Streifzüge, die diskussionsreichen Stunden, die Geduld, die spannenden Vorträge, die Neugierde und die tollen Fotos danke ich von Herzen dem Geheim-Club München:

Oliver, Jakob und Samuel. Simone, Nelly, Maria und Anna. Marie-Therese. Sascha, Felix und Georg. Bere und Andi. Uli, Simon und Sandra. Martin. Thomas. Sebastian. Tobi und Katie. Birgit. Sonja. Mubi, Monika, Max, Regine und Peter. Eva, Marion und Oliver. Hans und Dorothee. Alexandra und Nikola. Lou.

Und meiner Lektorin Jasmin Jonietz und dem gesamten Team des August Dreesbach Verlags für ihren Mut, die wunderbare Betreuung und das hervorragende Projektmanagement.

Liebe München-Entdecker,

unsere Stadt ist schnelllebiger, als so mancher Leser vielleicht denkt. Aus diesem Grund kann der Verlag leider nicht völlig ausschließen, dass sich trotz fortwährender Recherche Fehler eingeschlichen haben oder die eine oder andere Information schon wieder nicht mehr aktuell ist. Der Verlag und die Autorin haben nach bestem Wissen und Gewissen alle Inhalte überprüft, übernehmen aber keine Haftung für die Richtigkeit der Angaben.

Als Verlag freuen wir uns natürlich sehr darüber, wenn engagierte Leser uns über Änderungen aufklären. Sie dürfen uns jederzeit über Ihre Erkenntnisse informieren: info@augustdreesbachverlag.de.

Es sei außerdem noch darauf hingewiesen, dass die Autorin die Tipps völlig unabhängig zusammengestellt hat und keine finanziellen Anreize oder andere Zuwendungen bei ihrer Auswahl eine Rolle gespielt haben.

Der August Dreesbach Verlag

In München verliebt

Ein Stadtführer für Paare
und sehnsuchtsvolle Singles.

August Dreesbach Verlag

Was haben Freddie Mercury und die goldigen Bartschweine im Tierpark Hellabrunn gemeinsam? Es ist nicht nur der buschige Schnauzer, sondern sie haben in München ihren Partner gefunden und die Metropole an der Isar zur Stadt der Liebe gemacht. Dieser etwas andere Stadtführer bringt frisch verliebte Städtereisende, alteingesessene Münchner Turteltäubchen und liebeshungrige Singles zu den schönsten Ecken der bayerischen Landeshauptstadt.

»In München verliebt« ist der Stadtführer schlechthin für alle, die auf der Suche nach der großen Liebe sind, oder mit ihrem Schatz einen ereignisreichen Nacktbadetag erleben, gemeinsam Guerilla-Gardening betreiben, einfach nur Eisessen oder eine überkandidelte Kutschfahrt machen wollen. Und für die ganz Entschlossenen gibt es wertvolle Tipps für die Hochzeit in der schönsten Stadt der Welt. Und natürlich ist das Buch eine Liebeserklärung an die Stadt München!

Broschur
232 Seiten
14 × 21 cm
ISBN 978-3-944334-65-3
19,80 Euro

Jetzt in unserem Onlineshop:
www.augustdreesbachverlag.de